星座小熊
BluesBear®
© Starring Ideas Inc.,Ltd.

1/20~2/19
第一本星座書

水瓶座

靈氣逼人超能力

作者◎
FB 粉絲 70 萬的人氣插畫家
星座小熊
暢銷星座書作家
曾新惠

今夜星光燦爛

星座之於人生，就像一道又一道的美食──

有時你會因為溫暖味蕾的甜味而感覺幸福滿溢，有時你會因為嗆衝腦門的辣味而涕淚齊發，有時你會因為直入心底的苦味而五官扭曲，有時你會因為刺激強烈的酸味而起雞皮疙瘩……這些五味雜陳，就像星座顯現的人生滋味，隨時在你心中發酵、迴盪。

某一段時間，你可能手氣大順、得意忘形，此時，就會有帶著考驗、壓力、限制意義的星星，現身來平衡你高張的氣燄；某一個時刻，你可能挫折不斷、失意沮喪，此時，就會有帶著幸運、慈愛、溫暖意義的星星，現身來平衡你低落的信心。

星光閃閃，每一顆星都有屬於自己的特質和使命，它們看似不相干，卻緊密相連，交織出一張張精彩美麗的人生星圖，猶如這世上變化萬千的各種滋味，總是讓人百般回味，心神滿足！

目錄・CONTENT

說在前面 ★ 5

今夜星光燦爛

PART 1. 13

說到水瓶座

水瓶速寫 ★ 14

一天一種水瓶座 ★ 20

PART 2. 35

遇見 4 種血型的水瓶座

A 型水瓶 ★ 36

B 型水瓶 ★ 39

O 型水瓶 ★ 42

AB 型水瓶 ★ 45

✧✧✧✧✧ 星座八卦站 ✧✧✧✧✧

12 星座最怕哪些事？ ★ 48

水瓶與各星座的美味關係

水瓶 vs 牡羊★ *52*

水瓶 vs 金牛★ *55*

水瓶 vs 雙子★ *58*

水瓶 vs 巨蟹★ *61*

水瓶 vs 獅子★ *64*

水瓶 vs 處女★ *67*

水瓶 vs 天秤★ *70*

水瓶 vs 天蠍★ *73*

水瓶 vs 射手★ *76*

水瓶 vs 摩羯★ *79*

水瓶 vs 水瓶★ *82*

水瓶 vs 雙魚★ *85*

◇◇◇◇◇◇◇◇◇ **星座八卦站** ◇◇◇◇◇◇◇◇◇

12星座笑傲群星的過人特質★ *88*

水瓶與各星座的愛情協奏曲

水瓶 love 牡羊 ★ 92

水瓶 love 金牛 ★ 96

水瓶 love 雙子 ★ 100

水瓶 love 巨蟹 ★ 104

水瓶 love 獅子 ★ 108

水瓶 love 處女 ★ 112

水瓶 love 天秤 ★ 116

水瓶 love 天蠍 ★ 120

水瓶 love 射手 ★ 124

水瓶 love 摩羯 ★ 128

水瓶 love 水瓶 ★ 132

水瓶 love 雙魚 ★ 136

星座八卦站

12 星座之天使與魔鬼 ★ 140

12 種上升星座，12 種水瓶

上升星座落在牡羊的水瓶 ★ *144*

上升星座落在金牛的水瓶 ★ *146*

上升星座落在雙子的水瓶 ★ *148*

上升星座落在巨蟹的水瓶 ★ *151*

上升星座落在獅子的水瓶 ★ *153*

上升星座落在處女的水瓶 ★ *155*

上升星座落在天秤的水瓶 ★ *158*

上升星座落在天蠍的水瓶 ★ *161*

上升星座落在射手的水瓶 ★ *163*

上升星座落在摩羯的水瓶 ★ *166*

上升星座落在水瓶的水瓶 ★ *169*

上升星座落在雙魚的水瓶 ★ *172*

怎麼辦？水瓶 ～

遇到自我牡羊，怎麼辦？水瓶 ～★ 176

遇到緩慢金牛，怎麼辦？水瓶 ～★ 177

遇到圓滑雙子，怎麼辦？水瓶 ～★ 178

遇到多愁善感巨蟹，怎麼辦？水瓶 ～★ 179

遇到愛面子獅子，怎麼辦？水瓶 ～★ 180

遇到實際處女，怎麼辦？水瓶 ～★ 181

遇到鄉愿天秤，怎麼辦？水瓶 ～★ 182

遇到心機重天蠍，怎麼辦？水瓶 ～★ 183

遇到誇大射手，怎麼辦？水瓶 ～★ 184

遇到利己主義摩羯，怎麼辦？水瓶 ～★ 185

遇到強烈自主水瓶，怎麼辦？水瓶 ～★ 186

遇到自欺欺人雙魚，怎麼辦？水瓶 ～★ 187

星座八卦站

12 星座不易被發現的隱藏性格 ★ 188

PART 1

說到水瓶座

以最完整的分類方式，
掃描一遍水瓶的各項基本資料，
讓你快速掌握水瓶的關鍵特質。

 **水瓶速寫**

生日： 1/20~2/19

符號： ♒

英文： Aquarius

守護星： 天王星

守護神： 烏拉諾斯

性質： 陽性

屬性： 風象星座

宮位： 第 11 宮

宮位性質： 固定宮

代表詞彙： 我瞭解

數字： 4、6

星期： 星期六

顏色： 銀色

花朵： 瑪格麗特

寶石： 海水藍寶石

材質： 鈾

物品： 具科技感的新奇物品

身體部位： 循環系統

偏愛場所： 3C 電腦展、太空博物館、風格怪異
的餐廳

優點： 創意力、獨立、理智、興趣廣泛、具前瞻
性、人道精神

缺點： 冷漠、主觀、無法堅持、叛逆、沒情調、
過於強調自主權

性格原罪： 叛逆

契合星座： 雙子、天秤

對立星座： 獅子

緊張星座： 金牛、天蠍、巨蟹、處女

中立星座： 牡羊、射手、摩羯、雙魚

◈ 神話由來

　　宙斯和妹妹希勒生下女兒赫瑟，長大後擔任眾神宴會中倒酒和招待的工作，但因為她要結婚了，所以，宙斯選定金髮俊男尼米德來接替這項職務。然而，愛自由的尼米德卻十分痛恨這樣的安排，就故意不斷出狀況，讓眾神憤怒，藉機逃走。但是，宙斯立刻把他抓回來，命令他一生都要做好這項工作，不准離開，於是，寶瓶的酒水就被形象化為眾神智慧的泉源，置天上，成為星

座之一。

◈ 愛情觀

對於自己的情人，有時愛意暖暖，有時冷漠疏離，對於其他異性，卻又經常展現博愛精神，因此常搞得情人身心俱疲，不知如何是好。熱愛自由、不愛被約束的性格，對穩定的愛情來說是巨大的殺傷力。

◈ 人際觀

朋友不少，但都不親密，屬於君子之交淡如水的相處模式，主因來自時而熱心助人、時而離群索居的性格，讓人猜不透，也摸不熟，只好保持一定距離，維持某種程度的關心，但又不會互相干擾。

◈ 金錢觀

喜歡隨興所至的賺錢方式，只在乎有沒有創意、新不新奇，而不是能賺多或賺少，另外，也沒什麼儲蓄能力，重精神甚於物質。投資方面，喜歡有特色的非主流投資工具。

◈ 工作觀

不愛被限制、痛恨權威、討厭一成不變、受不了和大家做一樣的動作……天生就不適合一般職場，因此，最好從一開始就選擇適合自己特質的工作類型，不必隨波逐流，以免浪費自己與他人的時間。

◈ 職業

科技業、天文學家、發明家、科學家、漫畫家、占星學家、服裝設計師、攝影師、電腦產業、廣播電視業。

◈ 名人代表

男性：黃春明、蔡志忠、殷正洋、陽帆、曾國城、陳雷、王識賢、黃仁勳、梁家輝、張衛健、杜德偉、舒伯特、愛迪生、麥克阿瑟、詹姆斯狄恩、保羅紐曼、約翰屈伏塔、麥可喬登、紅髮艾德、星野源、香取慎吾、市原隼人、福山雅治、綾野剛、向井理、吉澤亮、永瀨廉、目黑蓮、金秀賢、BTS / J-hope

女性：鄧麗君、王雪娥、高勝美、林心如、辛曉琪、章子怡、橋本環奈、土屋太鳳、有村架純、松岡茉優、吉瀨美智子、李英愛、朴信惠、Blackpink / Rosé

 一天一種水瓶座

1月20日

　　雖然不愛被制式的規則綁手綁腳，但絕不會因為私情而無心於既定的目標，該努力往前時，不會鬆懈，該停下腳步時，也不會勉強自己繼續硬撐，快慢鬆緊，運用自如；不善於經營人際關係，對於社交活動更是興趣缺缺，只有和志同道合的好友在一起時，才能真心快樂。

1月21日

　　不易敞開胸懷與人同樂，對人性存在著鄙視、疏離、不信任的心態，難以燃起熱情；對任何事都充滿好奇，會積極尋找答案，即使需要耗費心力或未必有結果也無所謂，只想享受求知過程的

轉折與奧妙。

1月22日

　　一旦決定做什麼，就不會再有任何動搖，不管時間長短、不計後果如何，重要的是過程中的努力、學習，以及各種特質之間擦撞出的火花，這些都將成為最有價值的養分；害怕感性、濫情的場面，所以從頭到尾保持冷漠，久而久之，忘了怎麼愛人和被愛，是一件很可怕的事。

1月23日

　　嘴上從不掛著人生理念、夢想抱負之類冠冕堂皇的高調說法，而是以實際行動說明自己想要達到的境界，雖然一路上少有人陪，偶爾寂寞，但卻感覺踏實自在；以為不干涉別人就是等於給別人空間，常常在熱情與冷漠之間矯枉過正，找

不到平衡點，人際問題層出不窮。

1月24日

　　過分自大狂妄，只相信自己實驗後所得的真理，對前人的經驗傳承或他人的建議，完全拋諸腦後，置之不理；忠實友善，誠意十足，雖能站在別人的立場思考，但是該守住原則時，也不會放棄應有的堅持。

1月25日

　　真理雖然只有一個，但是這世界還有許多充滿哲思的道理，等待人們去體會和學習，應該放寬心胸多接納別人的意見；善心、友愛，人道主義者，組織公益社群，願意為人類的幸福奉獻一生心力。

1月26日

　　雖然要求快速、轉變疾如風，但心裡真正想追求的卻是永恆的價值，不媚俗、不趕流行，喜歡創造新奇事物的獨特感，生命的快樂泉源就在搞怪的創意上；遇到突破不了的瓶頸，或是被人逼急了，就會不聲不響的人間蒸發，而且對於這種不負責任的行為，毫無愧疚感。

1月27日

　　強烈的自我認知，什麼都覺得自己想的才是對的，大部分人都把你當成無法溝通的外星人，一天到晚說著聽不懂的謬論；刀子口豆腐心，外表一副不問世事的模樣，其實比誰都有博愛精神，廣愛世人。

1月28日

　　雖然給人的感覺不怎麼熱情，其實有著強烈的同情心，尤其對於濟弱扶貧的工作特別感興趣，而且絕不會光說不練，總是能身體力行；對金錢沒什麼概念，口袋裡有多少就花多少，常常一不小心就發生寅吃卯糧的狀況，非常需要找一個能信任的人來幫忙理財。

1月29日

　　除了對天文、科學、科技具有強烈的好奇心之外，興趣廣泛，喜歡多方涉獵，而且舉一反三，能快速地將資訊相互串連、歸納、分析、整合，學習力驚人；慣於打破舊有限制，重新建立新制度，但卻因心態過於急切、手段過於強硬，導致負面阻力傾巢而出，十分可惜。

1月30日

　　主觀、難搞、不想親近人群,喜歡過著離群索居的生活,在沉思與自我對話的過程中完成學習,在他人眼裡是相當另類的人;深切瞭解人性,所以能放掉欲望的糾纏與侵奪,走自己想走的路,不受干擾。

1月31日

　　觀念怪異,行為奇特,想法天馬行空,有一顆天才級的頭腦和一顆追求自由的心,不受禮教的束縛,只有自己才是唯一的主宰者;冷靜、冷調、冷淡,像是失溫的軀體,不喜歡與人社交,十分封閉。

2月1日

　　耍酷、搞叛逆、玩獨立遊戲，對於所有異於常人的思想和行為，充滿高度興趣，拒當平凡人，最大夢想不是名利雙收，而是要與他人不同；具博愛精神，樂於不計報酬地參與各種有益社會或世界的工作。

2月2日

　　習慣與人群保持距離，冷漠、抽離、自我，只想著自己要什麼，不在乎別人的想法和需求，讓人覺得頗自私；創意十足，什麼怪點子都想得出來，而且渾然天成，毫不費力，是大家公認的天才型創意人，特立獨行，想法雖然都很奇異，但的確具有驚人的前瞻性。

2月3日

善於除舊布新，極具改革精神，越是別人覺得不可行的，越是想要嘗試，但不為名也不為利，只是有一股非要證明自己想法的強烈意志而已；沒什麼情調，理智、冰冷、難以親近，受不了浪漫多情的肉麻戲碼，更厭惡灑狗血式的哭哭啼啼，理性溝通是唯一的橋樑。

2月4日

智慧過人，習慣跳躍式思考，看得比別人遠、想得比別人廣，求知欲極強，隨時隨地都在吸收學習，並有能力融會貫通成一套屬於自己的知識系統；不尊重傳統經驗，只看未來不想過去，喜新厭舊，腳步走得太快，無法與他人配合，情感愈發疏離冷漠，缺乏愛的滋潤。

2月5日

　　渴望自由，自由就像空氣和水一樣重要，為了自由可以放棄一切，十分任性，無論面對再怎麼好的環境，只要不是自己打造的，而是出自於他人之手，寧可全部推翻，重新再來；友善、低調，總是呈現最真實的一面，從不虛情假意或妄言自誇，風格獨具。

2月6日

　　驕傲自大，覺得別人的能力都只能稱得上是三腳貓功夫，這世上只有一個人能讓你信服，那就是你自己；具有揭發事實、瞭解真相的精神，不僅推理能力一流、邏輯分析力高，而且快速準確，絕少失誤。

2月7日

只相信自己看到的、親自實驗後得到證實的，不道聽塗說，也不隨波逐流，這輩子最受不了的就是當一個凡夫俗子；怪癖多，過於理性，不講情面，沒有服務和照顧他人的熱忱，讓人覺得十分無情。

2月8日

獨立，具前瞻性，是不可多得的創意人才，能在短時間內迅速竄升；以為自己是救世主，表面上對名利嗤之以鼻，其實內心深處仍逃離不了權力心理的作祟，只是不斷以自我欺騙作為逃避的手段而已。

2月9日

不喜歡負責任，不愛信守承諾，不接受被剝奪自由的安排，只有自己說的、要的才算數，對於他

人的意見，完全不當一回事；價值觀與一般人大不相同，喜歡往冷門的領域裡鑽，別人越不愛的，你越是懷抱高度興趣，因為你能從中開發新視野、創造新需求、展現新活力。

2月10日

平時表現得靜默冷淡，與旁人互動機會不多，其實具有絕佳的觀察力，能適時發揮人道精神，在群體中的人際關係總是開低走高；必須生活在沒有限制的環境裡，痛恨權威與紀律，通常是規矩的破壞者。

2月11日

淡泊名利，離世超然，即便身在群體之中，心思也不會真正投入，遇到磁場不合的人、混亂

的是非八卦、糾葛的金錢權利爭鬥，總是閃得遠遠的；博愛精神用過了頭，反而讓人覺得沒原則、太濫情，尤其與異性相處時，常因此惹出連自己收拾不了的爛攤子。

2月12日

雖然平時沒什麼讓人擔憂、麻煩的大狀況，但偶爾會出現墮落傾向，需要好一段時間才能恢復，而且別人也幫不上忙；力行先破壞、再建設的改革精神，痛恨因循舊習，一生為追尋理想而努力不懈。

2月13日

喜歡各種新奇的變化，受不了如一灘死水般的窒息感，呼吸自由的空氣，隨時享受嶄新的樂趣，人生絕不能有停滯遲延的時刻；強烈的人道

精神，把救助貧弱當作必要完成的使命，且十分注重環保。

2月14日

具有寬大的同情和強烈的情感，但不著眼於兒女私情或個人的小情小愛，寧可以大愛換小愛，將服務對象擴及人類群體；學習力強，但堅持力不足，常常半途而廢，需再提升承受壓力的能力。

2月15日

常看很多人、很多事都不順眼，甚至連批評都懶得說，有憤世嫉俗的傾向，總是在一旁冷眼旁觀，吝於給予任何支援；靈活、有創意、求知欲強，才華洋溢，讚美之聲不絕於耳，被視為不可多得的人才。

2月16日

對所有狀況的反應都很快，唯獨對數字既一竅不通又遲鈍，常常搞得自己一個頭兩個大，但結果還是亂七八糟，理財分數不及格；有智慧、獨立自主，可一人挑起大樑，也可與他人合作，動靜皆宜。

2月17日

知性、理智、很有想法，即使遇到巨大的變化，依然冷靜沉穩，有一套屬於自己的生存哲學，或許與大部分人不盡相同，但卻能讓自己過得愉快滿足；只想著自己喜歡什麼，卻沒留意別人的需求，容易被別人套上自私的印象，猶如獨行俠一般，無法融入團體生活。

2月18日

　　忠實，沒心機，有與人為善的誠意，卻不喜歡過於黏膩的感覺，無論再好的朋友也只是君子之交淡如水；事情的進展若不如預期，一時又找不到解決的辦法，會乾脆來個完全放棄，讓人覺得不夠負責任。

2月19日

　　外表低調、內縮，其實自信滿滿，在熟人與陌生人面前的表現差異極大，容易讓人產生錯誤認知與偏頗的印象；不善於金錢遊戲，理財方式絕對不能走投機路線，還是乖乖遵循保守型投資法則才是上策。

PART 2

遇見 4 種血型的水瓶座

星座和血型就像連體嬰，

談到星座，免不了要把血型拿出來講，

那麼，乾脆就讓它們大合體，

擦出更眩目的火花吧！

PART 2. 遇見 4 種血型的水瓶座　**35**

Ａ型水瓶

　　水瓶風格獨具、叛逆搞怪，從小就常常不自覺冒出各種稀奇古怪的想法，讓大人驚嘆不已，而且對於規矩有一種說不出理由的排斥感，拒絕遵守，絕不妥協；Ａ型永遠保持著乖乖牌的形象，事事依規定、樣樣照紀律，無論規矩是他人或自己設定的，都會認真遵循，不但不認為這是綁手綁腳的限制，反而覺得有所依循，讓人十分安心。

　　水瓶理智、冷靜，全身散發著「閒人勿近」的疏離感，習慣獨行俠的生活模式，很強調必須擁有自己的空間，不喜歡被打擾，也極少干涉別人；Ａ型在情感脆弱時，喜歡和人一起取暖的感覺，在開心愉悅時，喜歡和人一起分享感受與成就，是一個外表膽怯畏縮、不敢主動接近人群，其實內心極渴望與人保持互動的人。

水瓶的怪異和尖銳，因為 A 型的柔軟而變得平緩許多，或許本質不可能完全被改變，但起碼不再讓人覺得那麼難以溝通。不過，水瓶遠離人群的特質，卻因為 A 型的內縮而顯得更自我封閉，話很少、表情冷漠、讓人猜不透，被認定為特異分子。

　　A 型水瓶表面總是透著一股讓人不知所措的「寒意」，其實內心與外表有極大的落差，尤其當 A 型水瓶捲起袖子參與公益活動時，那種臉上掛著溫暖笑意、充滿積極主動的熱情，以及樂於與人群直接連繫的投入度，簡直判若兩人。

　　A 型水瓶性格較為壓抑，有苦不說，有煩悶的事不提，有困難也不說，百分之九十九的情緒都自行吸收，沒有對別人訴苦或抱怨的習慣，也極少發脾氣，但只要一發起脾氣來就像山洪爆發，長期積壓的負面能量一湧而出，往往要費很大的功夫才能回復。

或許，大家都認為 A 型水瓶是一個心如止水的人，其實不然。A 型水瓶的心情起伏甚鉅，有時覺得意志昂揚、理想滿滿，有時又覺得冷淡深沉、貧乏無味，總在正向與反向情緒之間，擺盪又擺盪。

　　A 型水瓶的內心充滿矛盾，雖然自己不覺得有什麼特別之處，但旁人的感受卻很深刻，對人際關係影響頗深。

A 型水瓶之最

- ✪ 最博愛
- ✪ 最沒有規則
- ✪ 最喜歡獨處
- ✪ 最衝突

 **B 型水瓶**

　　水瓶高舉改革旗幟，展現勢如破竹的決心，誓死打破舊有模式，重建嶄新體制，為過去畫下慘烈卻必要的句點，為未來開拓一條康莊大道，縱然必須經過流血、流淚、流汗的過程，且成敗自負，但絕不後悔；B 型不愛傳統、愛新鮮，不愛規則、愛自由，沒有任何使命感，只是一種自顧自玩樂的瀟灑自在。

　　水瓶興趣廣泛、學習力強，只要多看一眼、多接觸一會兒，就能很快上手，不為旁枝末節的細瑣之處傷腦筋，懂得緊抓關鍵、直搗黃龍，不浪費時間，能在最短的時間對事物瞭解得通透入理；B 型反應快、行動力強，但沒什麼耐性，無法長期投入於同一件事物，喜歡蜻蜓點水式的輕鬆自在，對過程的重視度大於最後的結果。

水瓶抽離、隨興、愛自由的性格，再加上 B 型隨和、多變、好動的特質，簡直就像脫韁野馬，不要說沒有人能拉得住，就連自己也常控制不了，往往一不小心就說錯話或闖下大禍。

一件看似平凡無奇的東西，只要一放到 B 型水瓶的手上，就像被施予了魔法，立刻煥然一新、脫胎換骨，呈現截然不同的新面貌。B 型水瓶的腦子裡裝滿了別人無法想像的奇異思想，猶如百變萬花筒，隨時都能變出令人意想不到的花色形狀，創意無人能敵。

為了顧及大家的感受，以及配合一般人的習慣，B 型水瓶在群體中的表現與私底下的性格相去甚遠。平常，B 型水瓶隨著大家喜怒哀樂的節奏起伏，時而大笑、時而熱絡，但私底下的真實性格卻慵懶冷漠，什麼都不想理、不想說，喜歡一個人安安靜靜地獨處。

B 型水瓶很自我，凡事只想到自己的欲求，全然忘了要顧慮到別人的需要和感受，嘴巴說得很好聽，真正表現出來的行為卻完全不是這麼回事，容易讓人留下光說不練的印象。

　　B 型水瓶有獨特的迷人之處，深具吸引力，但卻害怕親膩的感覺，喜歡無牽無掛、自由逍遙，任何想靠近或想維持某種關係的人，都會被 B 型水瓶列為拒絕往來戶，是一個特別強調獨立生活的人。

B 型水瓶之最

- ✪ 最疏離
- ✪ 最有創意
- ✪ 最愛自由
- ✪ 最沒有時間觀念

O 型水瓶

　　水瓶的思考模式和行事風格都沒有中間值，十分武斷，自己認為對就是對、錯就是錯，不聽他人意見，也不受任何外力的影響，明確果決，絕不猶豫；O 型想到什麼做什麼，衝勁十足、快速決斷，一旦決定的事，就沒有討價還價的空間。

　　水瓶懷抱著高度的理想抱負，雖然走的不是世俗路線，也無法配合一般大眾的標準和期許，但卻都是和全體人類相關的議題，例如環保、人道救援等等，追求的是一種道德境界的極致理想；O 型的人生不僅正向勇敢，而且如陽光般燦爛，認為任何夢想都有實現的可能，即使是高難度的挑戰，只要不放棄，終有成功的一天。

　　水瓶和 O 型一樣，對於自己想做的事，勢必一路堅持到底，只是水瓶表現得冷、O 型表現得

熱，水瓶表現得不疾不徐、O 型表現得積極有衝勁，兩者性格頗具異曲同功之妙。

說到「泰山崩於前而面不改色」的境界，用來形容 O 型水瓶的神態，應該是再恰當不過了。凡事心有想法，如入定高僧，當大家還在惶惶不知所以然的時候，O 型水瓶早就思索始末、瞭解透澈、想好策略，甚至已經展開行動，一切過程流暢自然、掌控得宜。

O 型水瓶自視甚高，對於天生資質差又不夠用功的人，嗤之以鼻，對於天生資質好但愛到處張揚的人，不屑一顧，只禮遇品德學識雙重高段的能人之士，以致於在一般人際關係之中，無法得到好評，容易被歸類於難以相處的傲慢分子。

O 型水瓶希望有好表現，但絕不會做出踩著他人鮮血往上爬的惡事，雖稱不上高風亮節，平時也並非滿口仁義道德的衛道人士，但有一套自

訂的準則，嚴格遵守。同時，也希望藉由自己的力量感染他人，是一個懂得尊重且熱愛生命的人。

　　在別人眼裡，O型水瓶是我行我素的最佳代表，在自己心裡，O型水瓶只有「做自己」的單純想法，別人的批評不會變成堅持原則的障礙，認為人生的好壞都是自己的選擇，與他人無關。

O型水瓶之最

✪ 最特立獨行

✪ 最冷漠

✪ 最叛逆

✪ 最不為所動

AB 型水瓶

　　水瓶不僅創意十足，而且提出來的點子，個個奇妙無比，令人拍案叫絕，這是別人怎麼也學不來的絕活，若有人想打探其中的玄奧祕笈，恐怕終究還是失望，因為這是水瓶獨有的天賦，無法複製抄襲；AB 型聰慧機靈、反應過人，只要短短時間，就能參透別人花盡心思也解不開的難題，做事極有效率，在群體中的成績總是亮麗搶眼。

　　水瓶理性、孤癖，沒什麼情調，對浪漫和狂歡的氣氛免疫，搞不懂為什麼有人這麼愛哭、有人這麼暴躁、有人這麼樂觀，無論發生什麼狀況，情緒始保持在一定的水平，讓人覺得深不可測；AB 型的情緒極端，時而咧嘴大笑，時而噴淚大哭，自己也無法控制得宜，旁人只好跟著高低起伏，飽受驚嚇之苦。

水瓶和 AB 型的組合，叛逆獨特、智慧過人、靈活善變，在人生的浪潮中，因為資質聰穎而被推向備受歡呼、吹捧的浪尖，但也因為高傲自負而被淹沒於生死一瞬間的大浪裡，正面和負面的力量交相接替，應運出高潮迭起的不凡人生，但卻也危機四伏。

　　AB 型水瓶對於自己沒興趣的事，連問都懶得問，即使攸關他人的成敗生死，也不覺得有什麼好大驚小怪的，只顧著自己的理想和需求，隨時可以拍拍屁股走人，怕招惹麻煩，乾脆來個不聞不問。

　　AB 型水瓶有遠大的眼光和開闊的胸懷，與一般人看事情的角度不同，以全面思考和全方位布局取勝，但也因為看得比別人遠、想得比別人多、走得比別人快，所以不容易得到大家的理解，常被視為特異分子，想變得平凡都很難。

AB 型水瓶雖然讓人感覺冷漠，好像刻意與人群保持距離，但其實都是害怕受傷和自大心理作祟，內心是很渴望被愛的，如果有人願意主動表示關心或伸出友誼的手，AB 型水瓶一定會回報對方難得的熱情，來個一百八十度大轉變，令人刮目相看。

AB 型水瓶的人生沒有既定的模式，隨時跟著各種古怪的想法而轉變，別人看似冒險，自己卻覺得過癮，生來就註定走不一樣的路。

AB 型水瓶之最

- ☆ 最有前瞻性
- ☆ 最難以被理解
- ☆ 最堅持己見
- ☆ 最強調人道主義

12 星座最怕哪些事？

牡羊 最怕沒搶到第一，最怕依賴別人，最怕無聊。

金牛 最怕變動，最怕沒有美食，最怕沒錢。

雙子 最怕資訊落後別人，最怕一成不變，最怕拖太久。

巨蟹 最怕沒依靠，最怕冒險，最怕緊急狀況。

獅子 最怕沒面子，最怕安靜，最怕冷清。

處女 最怕失序，最怕髒亂，最怕被指責。

天秤 最怕沒朋友，最怕沒人陪，最怕失態。

天蠍　最怕沒隱私，最怕沒權威，最怕被背叛。

射手　最怕給承諾，最怕被限制，最怕愛計較。

摩羯　最怕速度太快，最怕不受尊重，最怕不確定。

水瓶　最怕沒自由，最怕守舊，最怕太感性。

雙魚　最怕壓力，最怕被規定，最怕被要求負責任。

PART 3

水瓶與各星座的美味關係

當水瓶與各個星座碰在一起，

會產生什麼化學變化，

能變出什麼美妙的人生滋味呢？

你也來嘗嘗吧！

 **水瓶 VS 牡羊**

關係指數 ★ ★ ★

特調滋味 酸中帶苦

秘密武器 親疏分明

　　牡羊心中坦蕩，無愧天地，做人做事光明磊落，天不怕地不怕，把冒險犯難當成一種體驗人生的享受，對於貧乏單調的恐懼更甚於受傷挫敗，不願用循規蹈矩來換取安全，寧可接受挑戰、對抗強權，非要把自己弄得渾身是傷，才覺得符合熱情勇敢的英雄主義。

　　每每面對一件事，從決定、執行到結束，只能用風馳雷行來形容，急得不得了，屬於趕死人不償命的衝動派。好奇心強，對自己有興趣的事物，全心投入、全力以赴，反之，則絕不勉強自

己，甚至連正眼瞧一眼都懶得，對於喜惡的反應很極端。

企圖心強，信心滿滿，凡事都想搶第一、拔頭籌，相信只要是自己想得到的，一定能達陣成功，沒有輸的理由，只有贏的希望，隨時隨地抱持的信念都是積極樂觀和永不言敗。

水瓶是一個非常需要自我空間、也願意給予他人極大空間的人，就像獨行俠，十分冷調、叛逆，不管旁人的指指點點，也不隨波逐流，只投入於自己有興趣的事，其他一概不理。而牡羊則是對什麼都有興趣，但大多虎頭蛇尾，無法從一而終，耐力明顯不足，享受活在人群裡的熱鬧感，害怕孤單寂寞的感覺，喜歡當呼風喚雨的領導人，帶著一群人往前衝，特別有成就感。

水瓶雖然有很多特質和牡羊迥然不同，但卻有少部分的相似之處，例如兩人都很獨立、有自

己的想法、勇於嘗試新奇的事物等等，所以，水瓶和牡羊平時雖然各自生活在不同的領域，但若偶有機會相處或合作，的確有可能擦出雖不絢爛卻仍稱得上美麗的火花。

◈ 如何調出兩人的美味關係？

　　彼此之間存在著一股莫名的吸引力，但卻不十分強烈，清清淡淡、輕輕盈盈，相處的時候，感覺愉悅自在，不相處的時候，也不會特別想念，像是一種相互欣賞但不親密的隨緣感覺。其實，雙方各有優點，倒是缺點的部分比較類似，所以特別需要相互提醒、規勸，把對方當成明鏡，隨時修正自己的缺失，才能共同進步提升。

# 水瓶 US 金牛

關係指數 ★★

特調滋味 清淡無味

秘密武器 挖掘優點

　　金牛喜歡看得到、摸得到的具體實物，因為真實的擁有能帶來安全感，不必為虛幻或充滿變數的未知空等，已經握在手上的才算得上是資產。做人可靠，做事穩重，待人和善客氣，對自己的技能和才華有信心，但不會喧嚷自誇，強調以實績服人。

　　動作緩慢，按部就班，重視計畫，一旦處於快速多變的狀態，會有幾近心臟病發的不適感，對於周遭一切變化完全來不及消化和反應，容易造成沮喪和挫敗感。觀念保守，思想刻板，不敢

冒險，也不想嘗鮮，覺得規律安穩的生活即是最大的快樂。

　　喜歡吃美食和具美感的事物，平時節儉成性，每花一分錢都要再三斟酌，但會為一次豐盛的大餐或一件嚮往已久的昂貴物品實行存錢計畫，只要一存夠錢，便毫不猶豫地買下，享受自給自足的踏實感。

　　水瓶總是一副慵懶、冷淡的模樣，不僅對他人的事漠不關心，有時就連與自己切身相關的事也表現得愛理不理，好像即使明天是世界末日或現在天就要塌下來了也無所謂，反正本來就是兩袖清風，所以乾脆也就隨遇而安了。金牛大至人生要事，小至生活瑣事，凡事都必須未雨綢繆，並做好最壞的打算，否則就會終日惶惶不安，稍有風吹草動便緊張個半死，無法安心過日子。

　　水瓶覺得金牛過於制式古板、不知變通，無

論做什麼都讓人感覺笨笨拙拙的，不夠機靈俐落，金牛則認為水瓶雖然天賦異稟，卻不踏實、不謙虛、不堅持，到最後終究一事無成。水瓶和金牛雖然不會有硬碰硬的衝突，但難以驅散的低氣壓卻讓雙方都倍感壓力。

◈ 如何調出兩人的美味關係？

基本上，兩人的性格差異是不小的，不是快與慢、熱與冷的組合，就是動與靜、攻與守的搭配，很難被放在同一個天秤比較，也極少被拿來一起配對。但其實雙方還是有一兩個相似之處，暗暗地支撐著彼此的友誼架構，只要一方肯用心發掘，並將自己的想法誠懇地表達出來，很快就能打破藩籬，建立良好新關係。

# 水瓶 vs 雙子

關係指數 ★★★★★

特調滋味 料多味美

秘密武器 創意激發

　　雙子的想法千變萬化，手腳爽利明快，全身細胞永遠都處在活躍跳動的狀態，就連睡覺做夢都能想出令人拍案叫絕的新點子，生活有趣精彩。辯才無礙，善於交際，什麼話題都能聊，什麼人都能相處融洽，但大多口頭之交，對於累積情誼並沒有幫助。

　　對於訊息的蒐集、處理和傳遞能力，無人能及，好聽的說法是人人崇羨的資訊達人，但較貼近事實的稱號應該是唯恐天下不亂的八卦王，整天穿梭在如槍林彈雨的大小資訊之間，不但不覺

得紛亂煩擾，反而有一種蓬勃生動的趣味，不亦樂乎。

遇到該負責任時，不是插科打諢混過去，就是用裝死的方式逃避，不是一個有承擔力的人。做事只有三分鐘熱度，過了興頭就棄置一旁，也不管完成程度如何，很難老老實實地做好一項任務。

水瓶喜歡求新求變，看到陳舊迂腐的制度就想改革、看到死板固定的規則就想打破，身體裡流著不順從、不安定、不依附的血液，拒絕和別人一樣，享受獨一無二的特異性。雙子同樣也是一個追求新鮮、力求多元的人，已經做過的事就不想再經歷第二遍，痛恨重覆和不變，只有在新奇的世界裡才能找到樂趣。

雖然，水瓶是孤僻、獨善其身的，雙子是多話、活在人群裡的，但卻溝通無礙，因為雙方都

是夠聰明、夠理性的人，當水瓶想要談天說地，雙子樂於分享所知，當水瓶想要獨處，雙子立即給予空間，所以兩人的互動雖不頻繁，卻非常熟識，關係雖不親暱，卻十分契合，算是一對和順暢快的美好組合。

◇ 如何調出兩人的美味關係？

兩人的契合度是百分百，一方只要眨眨眼，另一方就知道意思，是靈魂伴侶，也是精神支柱，更是可以同甘苦共患難的知心好友，不必多說就能心領神會，無論在一起做什麼都覺得開心自在，而且理念和價值觀一致，即使偶爾發生意見分歧的狀況，也很快就能取得共識，並尋得解決之道，互動關係十分完美。

 **水瓶 vs 巨蟹**

關係指數 ★★★

特調滋味 苦中帶酸

秘密武器 親疏分明

　　巨蟹在這世上最愛的、最想照顧的就是自己的家人、族人、同類人，只要能扯上關係或有共同之處，便掏心掏肺、犧牲奉獻，而且完全不求回報，是一個寬大為懷、溫厚親切的人，不過，容易膽怯畏縮，也沒什麼主見，經常處於猶豫不決的狀態。

　　生性敏感，尤其對於人情事故的細微變化，更是感知深刻，很會看人臉色，但卻不懂得排解情緒，再加上習慣以悲觀負面的角度來解讀事情，以致於常自陷憂傷可憐的氣氛之中，難以自拔。

面對不合理或不舒服的情況時，總是不自覺地壓抑情緒，等到忍無可忍時，才整個大爆發，猶如突然投下一顆原子彈，讓人感覺情緒反應十分兩極。理財觀念強，不僅精打細算，而且懂得對收入和支出做完善規畫，絕不會發生寅吃卯糧的慘劇。

水瓶具有理性分析的能力，以及科學家的研究精神，性格特質偏向主觀、獨立、理智，即使遇到足以激起內在情緒的感人場面，仍然有辦法把情感與事實做切割，是一個情感色彩極低的人。巨蟹敏銳細膩、情感豐沛，心情的高低好壞成了大部分行為與決定的指標，所以常被認定是一個過於情緒化的人。

水瓶像個獨行俠，總是遠離人群、離群索居，除非必要，否則不想與他人有任何的連結，習慣獨自作業；巨蟹喜歡照顧別人，也喜歡身邊有人陪伴，因此與人群之間的關聯始終保持暢通。明

顯地，水瓶受不了黏答答的巨蟹，巨蟹覺得水瓶的自我意識很傷人，兩人都無法給對方好臉色看，是很難培養友好關係的組合。

◈ 如何調出兩人的美味關係？

對於對方的神情態度與處事風格，十分不以為然，甚至鄙視不屑，總覺得自己什麼都比對方好，只要有一方說一句話或做一個動作，另一方立刻就表現出不耐煩、不苟同的嘴臉，互看不順眼。但是，冤冤相報何時了，這時候反而應該用更多的愛與耐心，包容對方，檢討自己，才有可能化干戈為玉帛，轉負為正，創造雙贏的局面。

 # 水瓶 VS 獅子

關係指數 ★★

特調滋味 甜鹹不調

秘密武器 相互包容

　　獅子把自己定位成一個君臨天下的王者，所以喜歡指揮別人、習慣發號施令、重視排場、講究氣氛，無論出現在什麼場合，一定要成為最閃亮的那個顆星，炫目華麗且光芒四射，若有人膽敢對君威不敬或對君命不從，必以威猛狂嘯的獅吼功伺候，非要對方懾服不可。

　　熱情樂觀，正直誠懇，魅力十足，在群體中能發揮以正面能量感染他人的效果，即便自己遇到煩惱或傷心的事，仍願意伸出援手去幫助別人。具創造力和戲劇天分，樂於將自己心裡真實的想

法，藉由創意和表演與人分享，沒心機，不計較，
更無害人之心。

因為自命不凡，所以驕傲自大、霸道武斷，
因為自封為王，所以不容異己、重權要勢，而且
脾氣特別大，為所欲為，只要有人不小心犯了忌
諱，就大動肝火，容易讓人留下喜怒無常的印象。

水瓶討厭威權強勢和高高在上的感覺，自己
不僅絕不可能自封為王或自許為領導者，也痛恨
有人為了權力地位而爭得頭破血流、吃相難看，
甚至不惜犧牲他人的權益或生命，以換得權勢，
這些都是水瓶所不齒的行為。而獅子一生最重要
的事就是成為王者，行王者之實、展現王者之風
範，當環境不允許時，獅子會想盡辦法極力爭取，
當眾人允諾並給予期許時，獅子會欣然接受，並
擺出應有的架勢，準備大顯身手。

水瓶崇尚獨立自在的生活模式，但獅子卻陶

醉在與眾人同樂的熱鬧歡笑中，所以，水瓶勢必被獅子視為不合群的叛逆子民，而水瓶則從不把獅子當王者看待，寧願以一生力量爭取自由，也不願在權威體制下委身容忍，雙方可說是本質的大反差，易互斥，不易互助。

◈ 如何調出兩人的美味關係？

雙方的關係是既衝突矛盾，又掙扎拉扯，好像只要兩人同時存在一個空間裡，氣氛就變得不對勁，不是雞飛狗跳，就是僵持不下。其實，彼此的狀態就像蹺蹺板，一邊高的時候，另一邊就必須低，相互配合才能和諧，如果硬要都爭高或都搶低，下場當然很慘烈，還不如先談妥搭配的方式，並從禮讓和瞭解對方做起，一定可以慢慢地漸入佳境。

 # 水瓶 vs 處女

關係指數 ★★★

特調滋味 苦中帶酸

秘密武器 親疏分明

　　處女的分析能力和組織能力皆高人一等，不管面對再怎麼混亂雜錯的狀況，都能在最短的時間內理出一個清楚明確的頭緒，以及讓所有人都覺得滿意的結果，勤奮努力，堪稱處事高手、效率達人。

　　精密有序是基本要求，確實負責是中心思想，完美無瑕是必達標準，即使因此必須過著嚴謹忙碌的生活，亦覺得開心充實，毫無怨言。雖然，表面看起來是一個事事實際、利益分明的人，其實具有高度熱忱，樂於為需要幫助的人提供服務。

自己嚴守紀律，也強迫別人跟著遵循，看什麼事都不順眼，愛批評、愛挑剔，整天嘮嘮叨叨、碎唸不停，讓旁人大呼吃不消。在人前的表現總是謙遜有禮、不爭不搶，但在人後的真實面目卻是錙銖必較，手上不僅握緊了箭，同時也備好了盾，可攻可守，絕不吃虧。

水瓶可說是無欲則剛的最佳代表人物，因為心裡沒有非要第一不可的好強，所以泰山崩於前而面不改色，因為早就料到事情可能的發展，所以兵來將擋、水來土掩，心情一路順暢，毫無所懼。處女凡事都要先計畫，而且非要盯緊每個細節才覺得安心，執行前心跳加速，執行時全力以赴，執行後認真檢討，努力將所有步驟做到鉅細靡遺、滴水不漏的程度，堪稱史上最愛追求完美的緊張大師。

水瓶不覺得處女有效率，認為處女只懂用力、不懂用腦，並非明智之舉，而處女對於水瓶悠哉

閒散的做事態度頗不以為然，覺得水瓶過於高傲、自我，最後終招失敗。水瓶和處女彼此並不欣賞，也沒有溝通的誠意，想要讓雙方的關係變得正面，似乎是一個不小的挑戰。

◈ 如何調出兩人的美味關係？

即使對方什麼都沒做，也沒礙到誰，但彼此對對方都有一種說不出個所以然的反感，只是還不到針鋒相對的地步，不會在檯面上把自己心裡真正的想法全盤托出，尚為對方保留一些面子，也為自己留些餘地。道不同不相為謀，既然不適合湊在一塊兒，就不應該勉強，只要各司其職，把該做的事做好，井水不犯河水，自然也就皆大歡喜了。

 水瓶 VS 天秤

關係指數 ★ ★ ★ ★ ★

特調滋味 鮮甜入味

秘密武器 相輔相成

　　天秤很在意平衡的問題，左邊是十公斤，右邊也要是十公斤，左邊放了一朵花，右邊也要放一朵花……只要一看到左右不對稱，就覺得渾身不舒服，非要想辦法改善，直到合乎公平公正的標準為止。

　　為人客氣溫和，與人相處融洽，喜歡愉悅舒服的氣氛，所以總是盡其所能地避免爭端是非；當問題的關鍵人是自己時，委曲求全、以和為貴，當問題出在他人身上時，則自願擔任居中協調者，為的就是能大事化小、小事化無，大家和睦愉快

沒紛爭。

　　注重形象，氣質出眾，親和力與溝通力特別好，活躍於各個人際社交圈，擁有迷人又知性的公關魅力。浪漫的理想主義者，紙上談兵的功力遠遠超過真槍實彈的實戰經驗，再加上愛享樂、不愛工作的習性，容易給人安逸懶散、光說不練的印象。

　　水瓶有創意、愛搞怪、厭惡規則、崇尚自由，對於與人類社會群體相關的議題十分關注，是一個把重點放在大方向，不計較細節的人，需要有極大的自由空間，習於自己做決定、自己獨處、自己面對問題。天秤反應快、重視社交、喜歡團體活動，和任何人都能相處愉快，是一個聰明輕巧，而且不會讓人覺得有壓力的人。

　　許多人都覺得水瓶怪裡怪氣，難以理解，但天秤卻認為水瓶是天才級的人物，不僅願意給予

百分之百的發揮空間，還無條件提供全力協助。當平時不太與人打交道的水瓶需要人力資源時，天秤主動出面協調，當水瓶提出沒有人懂的創意時，天秤拍手叫好，以表認同與鼓勵。簡單地說，水瓶和天秤之間沒有障礙，只有相知相惜。

◇ 如何調出兩人的美味關係？

雙方的生活領域和喜好興趣並不盡相同，一個喜歡獨處、叛逆、物欲低、重視人類社群的大議題，一個喜歡熱鬧、愛享受、需要有人作伴、注重和諧，部分性格相去甚遠，但亦有契合之處，例如快速、冷靜理智、具開創性等，所以兩人最合適的相處方式，應該是瞭解對方的需求，但不干涉或強制介入，偶爾相聚聊聊和分享，便可有意外的收穫。

 # 水瓶 VS 天蠍

關係指數 ★ ★

特調滋味 甜鹹不調

秘密武器 相互包容

天蠍因為精明幹練、執著專注,所以被人視為不好惹的狠角色,又因為嫉惡如仇、報復心強,而被當作可怕的冷血者,在群體之中,就像一個天生的絕緣體,凡人不敢靠近、常人避免接觸,大家都躲得遠遠的,深怕一不小心就成了毒螫下的祭品。

外表看起來冷酷幽暗、默不作聲,其實是一個外冷內熱、用情至深的人,全身散發神祕的吸引力,一旦決定付出,就難以收回,而且要求對方同等投入,否則玉石俱焚;無法忍受被背叛,

占有欲極強。

具有如偵探般敏銳的直覺和洞察力，能一眼看穿對方心裡的真實想法，主觀意識強烈，對於追求真相和揭發內幕特別感興趣。善用謀略，執行力強，勇於克服困難，不輕易被挫折打倒，說到做到，絕不含糊其事或打馬虎眼，極具競爭力。

水瓶討厭滿身的銅臭味，所以不和人談金錢話題，水瓶對名利地位毫無興趣，所以不花心思和人爭權奪利，水瓶痛恨緊縛侷限的感覺，所以不和有控制欲的人互動，總之，水瓶就是這麼一個看似簡單，其實十分有原則的人。天蠍要的東西很多，要情、要錢、要權利、要人臣服、要所有情報，只要稍有遺漏就覺得不安心，非要想盡辦法把失去的追回來，或把還沒取得的緊握在手裡，是一個具有強烈欲望的人。

水瓶和天蠍都有「冷」的特質，但仔細分析

後即可發現兩者大不同，水瓶是從頭到腳、從裡到外的冷淡和冷漠，而天蠍則是外表冷酷、內心火熱，當水瓶要自由時，天蠍緊抓不放，當天蠍要承諾時，水瓶漠視不理，兩人的頻率和節奏始終無法一致，相處不易。

◈ 如何調出兩人的美味關係？

一個要往東，另一個就想往西，一個覺得美妙開心，另一個就嗤之以鼻，兩人來自不同的世界，話不投機、水火不容，不管從哪個角度切入都無法找到共同點，若硬要湊在一起，只會消耗彼此的時間和精力，並留下一堆歇斯底里的怨言。倒不如學著尊重對方，你走你的陽關道，我過我的獨木橋，不強求，也不期待，彼此會過得更快樂。

水瓶 vs 射手

關係指數 ★ ★ ★

特調滋味 嗆辣刺激

秘密武器 事緩則圓

　　射手就像讓人心情大好的暖陽、可治百病的笑聲、充滿希望的正向能量，一切變得如此美好，是一個人人都想接近和學習的對象。喜歡接觸新事物，經常旅行，結交各領域的朋友，富哲學思考，同時具有行動力和實踐力，所以智慧過人、知識廣博。

　　不受框架的侷限，不理會制度的規範，熱愛自由，奔放開闊，即使付出的代價是不斷地被騙、被傷害，亦無所謂，依然樂觀開朗，勇敢冒險，為的就是尋找別人一輩子也到不了的奇境聖地。

口沒遮攔、快人快語，往往刺傷了對方的心卻毫無知覺，老是顧著自己開心，卻忘了替別人著想。過於理想化，還沒想清楚得失利弊就直接衝出去，十次有九次都以傷痕累累收場。說話誇大，動作誇張，又害怕承諾，特別容易給人留下不牢靠的負面印象。

水瓶對於學理、環境、現象的興趣大過於對人的興趣，所以水瓶才會寧願避開人群，一個人窩在自己的世界裡，做自己想做的而大家都不認同的事，吸收自己渴望的而大家都無法理解的知識。射手熱情樂觀、直率大方，是一個若不活在人群裡就會無聊至死的人，但射手不會只面對同一群人，而是不斷地與各種不同特色的人或族群互動，藉此滿足心靈、豐富心智、體驗人生。

水瓶和射手都是需要自由、愛研究學問、具有博愛精神、希望對人群做出貢獻的人，只是表達方式不同，雖然在相處的過程中，水瓶對射手

的粗魯莽撞頗有微詞，射手對水瓶的陰晴不定很看不慣，但最後一定可以協調出雙方都能接受的模式，長久友好地相處下去。

◈ **如何調出兩人的美味關係？**

從外表看來，兩人喜歡的事物和行事的風格似乎不完全相同，但若仔細研究分析，就會發現根本是殊途同歸的同路人。兩人不但有著極大部分的相似特質，而且還有共同的習性和興趣，如果能時常彼此分憂、分擔、分享，便可讓原有的優點發揮得淋漓盡致，且對於增長見識和改善缺點亦有莫大助益。

水瓶 VS 摩羯

關係指數 ★★

特調滋味 甘苦交混

秘密武器 尊重對方

　　摩羯喜歡遵循古法、重視禮教、實力雄厚，而且特別強調安全，凡事只要可能承受風險，哪怕只是小得微不足道，談不上任何威脅，一樣會斷然拒絕，是一個不折不扣的老頑固、老長官、老學究。

　　一生之中有百分之九十的時間都用在工作上，除了真實的工作時間比一般人長許多之外，連休息、甚至睡覺都在想與工作有關的事，是大家公認的工作狂，生活規律而缺乏變化，刻板而不懂情趣，成熟而過於嚴肅拘謹，認真可靠而沒有意

外的驚喜。

深沉內斂，情感壓抑，有點悲觀傾向，但意志力和執行力十分驚人，一旦確定目標就不會改變，持續穩定地前行，雖然速度不快，但是步步走得踏實，再加上絕佳的領導力與組織力，往往能成為跌破大家眼鏡、最後坐上成功者寶座的人。

水瓶喜歡新事物、新科技、新創意、新制度，認為舊有事物總是帶著迂腐敗壞、苟且偷生、不求進步的意味，所以應該來個先破壞再建設的大工程，澈底將不好的一切剷除，才能重新建立符合所需的規則和制度，成為新時代人類。摩羯愛古老、愛傳統、愛經典，愛一切曾經走過歷史的人事物，認為這些都是彌足珍貴的經驗，只有將其謹記在心，才不會重蹈失敗的覆轍，進而提高成功機率。

水瓶和摩羯是一新一舊的代表，當兩人面對

一條條的規則時，水瓶搖頭拒從，摩羯嚴守遵行，當兩人遇到意外變化時，水瓶興奮期待，摩羯緊張煩躁，彼此之間的差距就像赤道和北極，既聊不上話，也搭不上線，有一大段落差等待雙方一起努力。

◈ 如何調出兩人的美味關係？

對方的長處是自己缺乏而且羨慕的，對方的短處是自己獨有而且有能力幫助對方改善的，彼此的關係就好像優缺點互補的組合。剛開始相處時，可能因為性格的差異而有所保留或顯得尷尬，但只要一方願意先卸下防衛的面具，拿出具體的誠意來，兩人之間立刻多了一座用溫暖和真誠造成的友誼橋樑，從此相輔相成、愉快融洽。

 # 水瓶 vs 水瓶

關係指數 ★★★★★

特調滋味 料多味美

秘密武器 創意激發

　　水瓶忽遠忽近、忽淡忽濃、忽冷忽熱的詭異性格，總是得到兩種極端的評價，那些熟識的麻吉好友，異口同聲說這就是不矯揉造作、自然泰若的真性情表現，而那些初次見面的陌生人，則破口大罵：「不懂地球遊戲規則的外星人，有什麼好踐的啊！」

　　獨立創新，冷漠主觀，叛逆孤僻，以致於在群體中顯得格格不入，常常冷不防地就躲進只有自己瞭解的世界，與世隔絕，不想理人，也不想被理。其實，內心裡深藏著博愛、為人類服務的

高度理想，只是懶得解釋，覺得時機到了，該懂得的人就會懂得，不需多費唇舌。

雖然才華洋溢，但不刻意外露，雖然具備賺大錢的能力，仍淡泊名利，一生最怕的事就是失去自由，寧願當一個餓著肚子卻滿懷理想的自由鬥士，也不願成為口袋滿滿卻綁手綁腳的大富豪。

如果說一個水瓶是無厘頭，那麼兩個水瓶就是瘋狂無厘頭；如果說一個水瓶是奇異的另類，那麼兩個水瓶就是不可思議的奇異的另類。當水瓶遇上另一個從不設限、毫無規則的水瓶時，可能是災難，也可能是奇蹟，因為沒有人能預期兩人要玩什麼把戲，不過有一點可以確定的是，兩個水瓶本身倒是覺得很過癮，因為彼此可以隨時向對方拋出點子，相互交流、激辯，享受創意撞擊的過程。

水瓶很少主動與人接觸，是一個孤僻、喜歡

安靜、慣於離群索居的人，即使是兩個性格相近的水瓶，相處的時間也很有限，大多各處一方，獨自過著生活。也就是說，如果缺乏特定事件當作彼此聯繫的橋樑，兩人很容易因為疏於連絡而情誼轉淡，甚至無疾而終。

◇ 如何調出兩人的美味關係？

你有的，對方也有，你缺的，對方也缺，兩個人就好像照鏡子一樣。感情好的時候麻吉得不得了，但是一言不和、起衝突時，嚴重性也會甚於其他人。其實，彼此對對方的心情是惺惺相惜的，不僅相互欣賞優點，也會為對方的弱點擔心，那麼，何不勇敢地表達出自己心裡真正的心意呢!? 兩人應該經常交換生活心得，多給予對方鼓勵，要說氣話之前先冷靜一會兒再溝通，即可避免無謂的爭端。

 水瓶 VS 雙魚

關係指數 ★★★

特調滋味 平淡無奇

秘密武器 各司其職

　　雙魚愛上的是一種感覺，一種迷濛夢幻的感覺，一種無法具體描述，但卻使人無限依戀的感覺，那是精神層次的追求、心靈寄託的依歸，只有遠離複雜刺激、針鋒相對、物欲橫生的陸地，回到溫暖柔軟的廣闊海洋，才能放心地悠遊，感受前所未有的舒適安全。

　　天真浪漫，單純脫俗，慈悲體貼，特別同情貧苦弱勢的可憐人，即使自己只剩一碗飯，也會毫不考慮地先給最需要的人吃，然後再一邊忍受飢餓、一邊尋求更多援助，是一個善良又寬厚

的人。

　　喜歡逃避，自制力弱，缺乏判斷力，容易受騙或受誘惑，而且一旦陷入深淵就很難自拔，經常遊走在善與惡的交界。直覺、潛意識、玄學、神祕學等靈性方面的啟發能力極強，藝術天賦高，在音樂、戲劇、寫作、舞蹈等方面的表現優異，令人讚嘆佩服。

　　水瓶的動作其實不慢，只是過於冷靜且帶點傲慢的特質，讓人以為水瓶是不疾不徐的人，其實，水瓶一遇到自己喜愛的領域或事物，就會立刻化身為動作快得不得了的音速小子，誰也攔不住。而雙魚則是拖泥帶水的代表人物，做事前猶猶豫豫，做事時拖拖拉拉，做事後牽牽掛掛，即使是還算有耐心的人，恐怕也要火冒三丈。

　　基本上，水瓶和雙魚的性格中都帶有抽離的特質，無論表面上的合群度如何，心裡卻都是遠

離的、不想負責的、不願有牽扯的，但除此之外，自主性強、獨立果決的水瓶，則十分不欣賞雙魚的遲疑和模糊，更不愛聽雙魚說那些牽強的爛藉口，總覺得雙魚是個沒擔當、沒建設性的人，雙方無法溝通，難有共識。

◇ 如何調出兩人的美味關係？

一個是急性子，一個是慢郎中，兩人的關係並非絕對的對立，相互干擾與相互協助的部分也不大，就像曾經打過照面，但彼此不熟，只是各自過著生活的鄰居。既然雙方之間有本質的差異，就要學著尊重對方的想法和做法，一方不可強勢的要求，另一方也不需以弱勢自居，否則久了一定會爆發難以想像的問題，倒不如平時就建立平等的觀念，自然就可相安無事地繼續相處下去。

12 星座笑傲群星的過人特質

牡羊　行動力，勇敢，急躁，天真，自信。

金牛　節儉，耐力，固執，鑽牛角尖，穩重。

雙子　幽默，速度，機智，話多，八卦。

巨蟹　愛家，敏感細膩，懷舊，包容力，情緒化。

獅子　領導力，創造力，表演天分，自大，風度。

處女　責任感，批判，守規矩，挑剔，細心。

天秤　猶豫，社交力，愛美，和諧，善辯。

天蠍　心機，嫉惡如仇，吃醋，冷酷，神祕。

射手　愛玩，樂觀，熱情，誇張，神經大條。

摩羯　事業心，執行力，堅持力，嚴肅，認真。

水瓶　創意，搞怪，博愛，理性，好學。

雙魚　浪漫，胡思亂想，心軟，逃避，藝術天分。

PART 4

水瓶與各星座的愛情協奏曲

當水瓶與各個星座掉進愛的漩渦時，

怎麼做才能擁有一段讓人動心、覺得窩心、

感到開心的愛情呢？

這裡有祕技在此公開。

水瓶 love 牡羊

　　牡羊情人的脾氣爆點很低，一觸即發，稍有不對勁就大發雷霆，不鬧到滿城風雨絕不罷休，最好再來個對方被嚇到屁滾尿流的戲碼，那就更過癮了。不過還好的是，脾氣來得快、也去得急，才一轉眼，臭臉變笑臉，怒氣變笑聲，像疾風驟雨後的燦爛豔陽。

　　受不了欲迎還拒、半推半就的黏膩感，一旦有了愛情的感覺，二話不說，立刻化身為愛的戰神，全力發動攻勢，誓言用最短的時間擄獲對方的心；當愛的感覺消失時，亦是直來直往，無法忍受拐彎抹角、冷嘲熱諷，有什麼不爽快就大刺刺地說出來，直接給雙方一個痛快。

　　喜歡征服的勝利感、喜歡在愛情關係裡占上風、喜歡對方崇拜自己的眼神，討厭不說話的冷

戰、討厭對方在眾人面前不給面子、討厭對方死纏爛打，愛情字典裡沒有羞赧曖昧，只有清楚明白的要或不要。

水瓶即使身處熱戀中，看起來依然比任何人都冷靜，從不會大聲嚷嚷，也不會爭相走告，更不可能來浪漫、窩心、感動這一招，頂多默默在心裡高興著，而牡羊卻完全相反，不但高調地和情人同進同出，而且常當眾卿卿我我，也不怕別人看了覺得尷尬噁心。

不過乍看之下，水瓶和牡羊好像完全不搭調，但其實兩人最大的契合之處就在於願意給對方空間，當水瓶不想要和牡羊天天膩在一起時，牡羊就自己去找樂子，當牡羊為了朋友而忽略愛情時，水瓶也樂得輕鬆，一頭栽進自己的世界裡，雙方的性格和步調有些殊途同歸，所以反而可以將愛情經營得長長久久。

◈ 如何吹奏兩人的愛情協奏曲？

一開始的感覺很普通，沒有心花朵朵開的浪漫感，也沒有不屑鄙視的嫌惡感，就像一般朋友。但隨著時間地積累，慢慢日久生情，好感度逐漸增加，到最後甚至有越陳越香的態勢，算是滿契合的一對。所以，雙方相處的重要關鍵在於突破初識的生疏、猜忌、冷漠，只要成功進入互有好感的第一階段，之後就能一起登上愛之船，遨遊愛之海了。

讓牡羊動心的祕技 天真坦白，樂觀，

不囉嗦。

讓牡羊窩心的禮物 玩具、運動用品、

公仔、新上市的商品。

讓牡羊開心的場所 遊樂園、新奇的

店、速食店、運動娛樂中心。

水瓶 love 金牛

金牛情人沒有搶取豪奪的氣勢，也沒有你死我活的狠勁，但卻有一千度的強烈占有欲，只要對方的眼神因為其他異性而稍微飄移、心思因為若有所思而小幅振盪，立刻醋勁大發，生悶氣、大聲甩門、拒絕親近等招術紛紛出籠，表示嚴重抗議。

喜歡吃美食、美麗的餐廳、有質感的禮物，只要營造具備這些元素的場景，兩人世界頓時如花團錦簇般夢幻美好，感情急速加溫。無論感情再怎麼長久、甜蜜，都不要牽扯到任何的金錢借貸關係，否則晴天馬上變雨天、熱情馬上變冷漠，千萬別挑戰節儉王的底線。

忠心誠懇，深情專注，執著持久，不玩愛情遊戲，一旦愛了就全力以赴，不僅心無旁騖地愛

著對方，而且早已偷偷計畫兩人的未來，相戀、結婚、生子、偕老……即使八字只有一撇，還是覺得開心滿足。

　　水瓶的愛時而濃烈、時而冷淡，沒有一定的方向和規則，認為愛是一種你情我願的情感交流，不必拘泥於誰該對誰付出、誰要對誰負責，強調自由和平等。金牛的愛很傳統、很穩定、很忠貞，愛一個人之前，仔細觀察、審慎評估，決定愛了之後，全心全意、堅持到底，即使情海生波，也不會輕言放棄，是一個對愛情十分執著的人。

　　水瓶連自己下一秒會不會變心、明天會愛誰都不知道，當然不可能滿足金牛要求承諾的期望，而金牛總是在一旁逼迫追問、苦等守候的表現，更讓水瓶覺得壓力重重，完全沒有多餘的心思談情說愛。水瓶和金牛對愛的認知落差極大，不但溝通難，障礙也比預期中的多很多。

◈ 如何吹奏兩人的愛情協奏曲？

　　無論談什麼話題，不是各持己見，就是相互批評，根本是話不投機半句多，對生活的態度，一個灑脫一個嚴謹，對愛情的認知，一個開放一個收斂，簡直是秀才遇到兵，有理講不清，實在很難溝通。兩人之間最欠缺的就是傾聽對方心裡的聲音，若只是一昧地表達自我想法或堅持自我主張，恐怕連和平相處都有困難，更不可能談情說愛了。

讓金牛動心的祕技 可靠，幽默，有藝術品味。

讓金牛窩心的禮物 藝術品、珠寶、園藝用品、各式招待券。

讓金牛開心的場所 美麗與美食兼具的餐廳、藝術中心、郊外。

水瓶 love 雙子

　　雙子情人的愛情態度被大家貼上「花心」的標籤，但自己對這樣的評價卻不以為然，總覺得自己只不過是真實呈現人性多重愛欲的自然本性而已，大家實在沒必要如此嚴肅正經，更不應該為此亂扣倫理道德的大帽子，不妨輕鬆一點、放開心胸地面對愛情。

　　幽默風趣成為在愛情世界裡悠遊自得、左右逢源的最佳利器，一旦發現獵物，得手的成功率幾乎高達百分之八九十，懂得善用自己的優勢，是一個聰明、花樣多的愛情獵人。

　　愛情要讓人愉快，而不是讓人沉重；愛情生活應該精彩豐富，而不是規律穩定；愛情之所以迷人，是因為追求的快感，而不是耐心的等待；愛情最讓人興奮的部分是達陣之前的疾速奔馳，

而不是達陣之後的塵埃落定；愛情最令人回味的是曾經擁有，而不是天長地久。

水瓶不喜歡被任何人事物綁住，也不管什麼每個人都要這麼做的「大眾化」遊戲規則，因此在愛情的世界裡，常被情人抱怨是一個不體貼、不負責任、不專情的花心人。而雙子在愛情方面的評價似乎也沒好到哪裡去，見一個愛一個不說，甚至還同時劈腿好幾個，自認為魅力無窮，其實根本是自己心性不定的藉口。

不過，當水瓶遇到雙子時，兩人的愛情缺點卻都變成了優點，因為水瓶不愛人管，雙子剛好也懶得管，而雙子的旺盛桃花，水瓶也不以為意，兩人開心時一起牽手共遊，沒感覺時就各玩各的，不必費力溝通就有辦法在愛情與自我之間找到平衡，是一組有趣又奇特的配對。

◈ 如何吹奏兩人的愛情協奏曲？

　　兩人有共同的性格特質和興趣，什麼話題都能聊，在一起做什麼都覺得開心，對方有的傲人優勢，自己也有，所以可以痛快暢談，而對方有的不為人知的缺點，亦心有戚戚焉，所以不必費心遮掩，感覺特別輕鬆自在，算是一組契合的配對。但要注意的是因為同質性高，怕日長生膩，因此必須特別用心經營，才能長久維持下去。

讓雙子動心的祕技 不黏膩，變換花
招，有新鮮感。

讓雙子窩心的禮物 度假招待券、手
機、益智遊戲、趣味商品。

讓雙子開心的場所 咖啡廳、百貨公
司、旅遊景點、大賣場。

水瓶 love 巨蟹

巨蟹情人要的愛情是一份包含了溫柔體貼、善解人意、至死誓言的安全感，暖暖的、厚實的、永恆不變的。在真愛來臨之前，害羞、不知所措，沉醉在真愛裡的時候，甜蜜深情，卻又惴惴不安，當真愛確定不移之後，放心安穩，一生奉獻，毫無保留。

雖然，兩情相悅的美麗情懷是不可欠缺的，但更圓滿美好的表現應該是再加進像家人一樣的親情，因為那才是不怕洪水猛獸侵襲、不懼天崩地裂破壞的情感，源遠流長，直到永遠。

容易猶豫不定，且情緒起伏較大，所以需要對方循序漸進的引導，以及耐心地守候，不適合火力全開的激烈攻勢。兩人爭吵時，無法在第一時刻把思緒理清楚、把話說明白，必須經過一段

時間冷靜思索，才會有答案，對方若一昧強硬逼迫，不但無效，還可能產生反效果。

　　水瓶知道自己無法給情人一份穩定的愛，所以對於愛情的要求也和一般人不同，例如體貼浪漫不是重點，聊得來、能溝通才是關鍵，還有，如果對方在八字都還沒一撇的狀況下就忙著談未來，水瓶很可能來個不告而別，直接走人。然而，巨蟹對愛情的期望卻是溫馨甜蜜、情深意重，從兩人擦出愛的火花那一刻起，即畫好了有你有我的夢想藍圖，一副生生世世、直到永遠的模樣，比誰都認真。

　　水瓶希望愛情不是占有，而是分享，巨蟹希望兩人緊緊相依，而不是各自為政，顯然，水瓶和巨蟹的理想愛情模式根本沒有交集，就算花再多心力，也無法拉近雙方的距離，相愛不易啊！

◈ 如何吹奏兩人的愛情協奏曲？

　　大部分的時候，雙方就像兩條平行線，很難有交集，既不想知道對方的任何訊息，也不可能主動關心對方，總是各自為政、互不搭理。因為彼此沒有互動的渴望，所以即使有接觸的機會，也很難建立在愛情上。基本上，要兩人相安無事地相處，並非難事，反而要培養出情投意合的愛意是比較不容易的，所以，一定要不斷地運用各種方式激發出自己與對方的熱情，才有可能長相廝守，直到永遠。

讓巨蟹動心的祕技 愛家，關懷體貼，寵愛。

讓巨蟹窩心的禮物 手工藝品、傢飾品、仿古傢俱、田園風格商品。

讓巨蟹開心的場所 花店、安靜溫暖的餐廳、跳蚤市場、懷舊之地。

水瓶 love 獅子

　　獅子情人所認定的愛情是轟轟烈烈、濃情蜜意、瘋狂烈愛……總之，就是一個不折不扣的重口味者，一旦陷入愛河，勢必高調地昭告天下，深怕漏掉一耳一目，而此舉的目的不僅是為了享受引人側目、招來嫉妒的得意感，更想讓對方感受到雄渾烈火般的愛意。

　　愛面子又不認輸，即使是自己做錯也不許別人笑，堅持保有尊貴的地位和非凡的氣勢，對方只要懂得順著獅毛梳理，不硬碰硬或逞嘴上之能，一定可以贏得歡心，過著吃香喝辣、橫行無阻的風光生活。

　　雖然有自己的喜好和行事風格，而且有些霸氣、自大，卻不會隨便亂發脾氣，只是一旦對方犯了大忌，引發獅子發火，可能就很難收拾了。

喜歡群聚的熱鬧氣氛，真正為兩人世界所花的時間和心力不多，把情人和朋友放在一起玩樂的模式似乎才是最愛。

水瓶即使面對愛情，仍是一副處之泰然、雲淡風輕的感覺，既不講甜言蜜語，也很少送禮物表達愛意，在外盡顯博愛精神，在情人面前卻不夠熱情，很容易引發情感方面的誤解。而平時習慣以王者自居的獅子，雖然有熱情大方、誠摯可愛的一面，卻仍保持著一貫的霸氣，予取予求的態度，常讓情人大感吃不消。

水瓶受不了獅子的任性放縱，獅子則對水瓶的冷淡頗有意見，不過，只要能撐過互看不順眼的初階段，水瓶很快就會被獅子的熱情感動，而獅子也會學著欣賞水瓶的知性創意，兩人從陌路到熟悉，在冷熱交融的化學作用之下，便自然產生愛情暖流，彼此吸引，愛意深深。

◈ 如何吹奏兩人的愛情協奏曲？

　　一開始就注意到對方，但沒有好感，看不順眼，隨口就可以講出對方千百個令人討厭的缺點，沒想到慢慢地，越看越有趣，臉上笑容變多了、心變柔軟了、喜上眉稍的感覺藏不住了，冤家變親家，一段致命吸引力的情緣從此展開⋯⋯既然彼此真有愛意，就應該多包容、多站在對方的立場思考，相互磨合修整，互斥自然就變成了互補，美麗圓滿。

讓獅子動心的祕技 讚美，順從，玩樂的興致高昂。

讓獅子窩心的禮物 華麗閃亮的飾品、太陽眼鏡、高價精品、皮件。

讓獅子開心的場所 舞廳、五星級飯店、高級俱樂部、狂歡派對。

水瓶 love 處女

　　處女情人的規則多如牛毛，異味止步、指甲不能太長、看書時不能用力折……這些規則讓那些搞不清楚狀況的人動輒得咎，前面那條規則都還沒瞭解透澈，接下來的一句話或一個動作，又馬上又犯了錯，簡直就要把對方搞瘋了，而自己也因為氣到爆青筋而快出人命。

　　喜歡談有建設性的話題、喜歡具學習價值的活動、喜歡可獲取實質利益的工作，謹慎務實的特質讓愛情變得不怎麼浪漫，但對於個人性格的磨練與成長，倒有極大的幫助。

　　把親情、友情與愛情切割得一清二楚，無論是自我認知或實際行為，都沒有模糊地帶，執行嚴明，同時也要求對方達到一樣的標準。雖然，愛挑剔，愛叨念，但卻是一個以誠相待、對感情

負責，交往到一定程度即願意與對方攜手共度一生的情感穩定分子。

水瓶即使碰到一個熱情如火的情人，仍是一派平淡冷靜，完全不受七情六慾作祟的影響，依然故我，常把對方惹得又急又氣，最後只好宣告投降。可見，如果水瓶遇到的對手也是一個冷靜派，兩人想要擦出火花、激起情愛的機率可說是微乎其微，而處女就是典型的例子。

水瓶既不懂得用柔情攻勢來軟化處女的心，也不可能用熱情來吸引處女的注意，更糟的是，當具有強烈道德潔癖的處女，發現水瓶竟有著四處留情的博愛精神時，批判聲浪便一波接著一波，從未間斷。在處女眼裡，水瓶是愛情與麵包都不及格的人，在水瓶心中，處女是標準的愛情絕緣體，兩人實在很難寫下共同的愛情結局。

◈ 如何吹奏兩人的愛情協奏曲？

彼此之間好像隔著千山萬水，只能遙遙相望，不太有機會親近對方，而雙方也的確都沒什麼相互接觸的意願，屬於感情難以培養的組合。每次好不容易努力把兩人送作堆，卻又狀況連連，不是一方莫名地礙著了另一方，就是雙方互不給好臉色，實在難相處，所以，兩人特別需要學習摒除成見與耐心溝通，才有可能進一步往好的方向發展。

讓處女動心的祕技 有禮貌，乾淨整齊，知性話題。

讓處女窩心的禮物 健康用品、有機食品、筆記本、精美日用品。

讓處女開心的場所 強調健康概念的餐廳、聽演講、博物館、書店。

水瓶 love 天秤

天秤情人是標準的「外貌協會」，除了自己愛美、注重形象之外，就連情人的長相、氣質、穿著打扮，甚至生活品味，都要一併列入考慮，只要稍有差池就淘汰，平時喜歡當濫好人，為了顧全大局，總是鄉愿妥協，但與外形有關的部分絕不會委屈求全。

讓這個人滿意了，可能那個人就生氣了，同意了這邊的要求，就等於拒絕了那邊的好意……最怕陷入兩難的矛盾情緒，一遇到需要抉擇的場面，不是刻意敷衍，就是隱遁逃避，直接來個不問不理。

對於愛情的態度是柔軟清爽，而不是濃厚強烈，即使是情人之間的相處，也只像一陣舒爽輕柔的風，或像一條澄淨透明的溪水，或像時而淡

香、時而無味的空氣，絕不是熾茂燄盛的烈愛，也不是糾糾纏纏的熱情，和一般人對愛情的期待大不相同。

水瓶即使陷入熱戀，對愛的表達方式也不會是濃情蜜意或愛意綿綿，是一個表情不豐富、情緒起伏不明顯的人，如果戀愛的一方期待水瓶能多說一些甜言蜜語或多做一些浪漫的事，最後一定會大失所望。而天秤的愛不慍不火，就像三月徐徐的春風，讓人覺得舒服，沒有任何壓力，這是一種平衡的愛，不但自己愛得愉悅，對方也不感覺負擔。

水瓶和天秤能認同彼此的愛情觀，即使發生不愉快的衝突或誤解，也能透過理性溝通，得到雙方都感到滿意的答案，或許在別人眼裡，這段愛情少了一點浪漫和感性，但是對水瓶和天秤來說，卻是開心自在、幸福甜蜜的最佳狀態。

◈ 如何吹奏兩人的愛情協奏曲？

　　表面上看起來，聚少離多，各有玩伴，各有生活空間，不像其他伴侶那麼親近緊密，但其實這卻是最適合彼此的相處模式。兩人都喜歡新奇事物和隨時吸收資訊，而且也很瞭解和信任對方，如果硬是要每天膩在一起，反而乏味、有壓力、不開心，不如適度擁有各自的時間和空間，讓相處時有更多話題和想法可以分享，才是和諧之道。

讓天秤動心的祕技 溫和，精心打扮，

熱情。

讓天秤窩心的禮物 時尚精品、香水、

音樂盒、設計師名品。

讓天秤開心的場所 優雅的咖啡廳、流

行商品店、名牌店、音樂廳。

水瓶 love 天蠍

天蠍情人的愛情是濃密厚實、是深沉入裡、是專心一志、是飛蛾撲火、是欲念橫流……是沒有做好心理準備就陷落的人，承受不起、也消化不了的。滿滿一缸醋罈子，隨時等著打翻，對情人的精神與肉體施以同樣嚴格的控管，連一點細縫都不留。

疑心病重，心思縝密，觀察力過人，喜歡追根究底，對方只要有一點不對勁，便立刻著手調查，而且是暗中偵察，絕不會做出打草驚蛇的傻事，非要查個水落石出不可，並保證讓對方心服口服。

只要認定了一個人、一段感情，再多犧牲奉獻也覺得心甘情願，最痛恨欺騙和背叛，對方若膽敢在背後亂搞，即使僅有一次，也會立刻被判

死刑，不但永無翻身之日，還可能遭到嚴厲的懲罰和報復，是一個占有欲極強、寧為玉碎不為瓦全的激情分子。

水瓶要的愛情是沒負擔的輕爽口味，天蠍要的愛情是死去活來的重鹹口味，當水瓶被天蠍的神祕感吸引，以為兩人可以談一場獨特、不同於世俗的戀愛時，天蠍開始展現強烈的占有欲和掌控欲，不但要求水瓶鉅細靡遺地交待行蹤，而且還要定時報備，否則立刻施以各種嚴酷狠厲的懲罰，讓水瓶嚇得落荒而逃。

水瓶不受約束控制的性格，在天蠍的愛情法則裡是頭條大忌，因為水瓶愛自由，讓天蠍很沒安全感，因為水瓶很博愛，讓天蠍有一種隨時會被背叛的感覺。水瓶被天蠍逼得喘不過氣來，天蠍被水瓶冷落，而越來越歇斯底里，看來，兩人想停止相互折磨，還要付出不少努力。

◈ 如何吹奏兩人的愛情協奏曲？

　　兩人性格不相容、氣味不相投、生活不搭軋，從見面的第一眼就在心裡畫一個大叉，接二連三的罵聲從心裡冒出來，只差沒有真的脫口而出，立刻列入不往來的黑名單。但神奇的是，不契合的狀況竟隨著幾次的相處，演變成不打不相識，兩人慢慢理解對方，原本的壞印象也會持續減少，所以，雙方應該試著多給彼此機會去表現各自的優點，如此一來，愛苗就有空間慢慢滋長了。

讓天蠍動心的祕技 自信，循序漸進，不探隱私。

讓天蠍窩心的禮物 精油蠟燭、偵探小說、占卜工具、神祕學書籍。

讓天蠍開心的場所 電影院、幽靜木林區、具靈異氣氛的場所。

水瓶 love 射手

　　射手情人無法在兩人世界耽溺太久，才相處幾天，立刻把平時陪在身邊瞎混瞎聊的好友拉攏過來，一起吃喝玩樂、遊山玩水，從兩人世界變成三人，再變成六人、十人……最後狐群狗黨全都上場，明顯多了插科打諢的歡樂氣氛，但浪漫的愛情氣息則蕩然無存。

　　沒有定性，所以無法和同一個人膩在一起太久；熱愛自由，所以無法被同一段情感長時間束縛；討厭壓力，所以無法給出一個具體的承諾。絕大部分的基本特質與愛情本質是相悖的，且改變不易。

　　因為自己開朗樂觀、大方豪邁，因此希望對方也是個正向陽光、心胸開闊的人，如果一天到晚只在乎小細節、只是唉聲嘆氣、只想緊迫盯人、

只吵著要兩人獨處、只懂得用恐嚇威脅、只會說一些假裝讚美的應酬話，那麼，兩人的結局恐怕凶多吉少。

水瓶不習慣管人，也不喜歡被人管，即使在把你占有我、我綁住你視為理所當然的愛情世界裡，水瓶依然我行我素，而且對情人不查問、不懷疑，採取完全信任的態度。射手的愛情觀除了比水瓶奔放熱情之外，基本調性是大同小異的，如果遇上一樣愛瘋愛玩的對象，射手會覺得很過癮，樂於與對方產生無限可能的發展，但若是對方要求多、管得嚴、盯得緊，射手會立刻轉移目標，毫不留戀。

水瓶和射手都是需要自由的人，從不吝嗇給對方空間，願意冒著情變的危險讓對方感覺輕鬆愉快、願意用適度距離換取更長遠的關係，是一組愛意暢快、默契十足的配對。

◈ 如何吹奏兩人的愛情協奏曲？

　　雙方的契合感是渾然天成的，不矯情，不必刻意培養，即使單純地坐著也覺得愉快，對於某些事或某些狀況能很快地取得共識，不僅愛情指數穩定向上攀升，就連愛情濃度也持續增高，彼此相親相愛的情景羨煞所有人。所以，兩人只要堅持不讓沒事變有事、小事變大事，就能安然無恙地共創美好未來。

讓射手動心的祕技 不約束，講笑話，
活動力強。

讓射手窩心的禮物 旅遊用品、太陽眼
鏡、笑話書、民族風飾品。

讓射手開心的場所 具異國風情的餐廳
或景點、同樂會、大自然。

水瓶 love 摩羯

　　摩羯情人凡事追求踏實安定，即便遇到以夢幻浪漫為本質的愛情，亦不改其堅定不移的態度和立場，一旦決定與某人交往，必是以結婚為前提作考慮，認真程度一如面對工作時的嚴謹負責，而且備有長期周詳的愛情計畫，絕不輕言兒戲。

　　表面看起來穩健自信，其實內心摻雜著脆弱悲觀的性格，需要身邊的人時不時地給予肯定和鼓勵，才得以抒解壓力和排解苦悶，繼續努力向前，所以情人必須扮演多重角色，既要是溫柔體貼的情人，也要是善於傾聽兼加油打氣的心靈導師。

　　不懂享受，毫無情趣，更惶論花錢花心思買生日禮物、過情人節或為紀念日慶祝，舉凡基本生活需求之外，一切從簡，認為真正的愛情應該

是兩個人老老實實地同甘共苦，而不是不知民間疾苦地拚命享樂。

水瓶認為曾經擁有比天長地久來得重要，愛情如果能讓彼此都有所成長、都體驗到一些不同的經歷，那也就夠了，至於最後是否能長相廝守，絕不是愛情的重點。然而，摩羯想的、要的都和水瓶不同，因為摩羯是典型的結果論者，認為兩人既然花了時間和心力談情說愛，就該為對方負責，給出一個夠合理、夠成熟的交待，否則吃虧的一方要怎麼討回公道、換回青春、彌補損失！

水瓶覺得愛情比麵包重要，而摩羯卻把麵包的順位與比重都放在第一，而且是遙遙領先於愛情，可見，水瓶和摩羯之間存在一個巨大的鴻溝，若想跨越，勢必要付出相當的代價和努力才行。

❖ 如何吹奏兩人的愛情協奏曲？

　　彼此雖然生活領域不同，基本特質亦有差異，但卻因為並非全然的落差和衝突，反而有一種欣賞對方和想要向對方學習的心情。兩人時而以柔克剛或以強扶弱，時而以慢制快或以快帶慢，感覺真美妙。不過，可惜這美妙終究是短暫的，等到時間一久，最初因差異而產生的新鮮感漸淡，回歸原點，不契合的現象也就紛紛浮出檯面了。所以，兩人最佳的相處模式應該是遠觀而不褻玩，保持距離、以策安全。

讓摩羯動心的祕技 言之有物的談話，端莊，正面思考。

讓摩羯窩心的禮物 名牌皮件、經典文具、實用的傢俱、古董。

讓摩羯開心的場所 山區、公園、郊外、書店、古蹟、博物館。

水瓶 love 水瓶

　　水瓶情人常因博愛精神而被認定為花心大蘿蔔，其實這性格特質與愛情是無關的，必須分開來看待。在還沒確定一段感情之前，廣交異性，來者不拒的行為，的確容易被當作遊戲人間的花蝴蝶，可是一旦定下來之後，則自然會收斂許多，只留唯一的真愛。

　　無論在思想或行為上，都追求最大限度的自由，只要有一點拘束限制的感覺，立刻毫不客氣地變臉走人，寧可放棄甜蜜的情愛、契合的交流、溫暖的陪伴，也要爭取自我應有的空間。

　　聰慧、自我、創新，所以特別喜歡反應快、有想法，而且夠獨立的對象，不管大部分人的愛情模式和規則是什麼，只願意接受讓自己覺得舒服快樂的方式，即便可能因此引發爭端、招來非

議，仍堅持繼續試探衝撞，直到雙方找到相同的頻率為止。

　　水瓶痛恨被綁住的感覺，情人若硬要掌控管制，只會讓水瓶毫不戀棧地一去不回頭。基於己所不欲、勿施於人的原則，水瓶一定會給另一個水瓶絕對的自由，只要兩人相處時是快樂的，其餘互相看不到對方的時候，便給予完全的信任。因為，水瓶認為人生還有許多更甚於愛情的事物值得追求，實在不需為你情我愛的情感遊戲費太多心力。

　　忽冷忽熱、忽近忽遠是水瓶十分鮮明的性格特質，這對於另一個有著相同性格的水瓶來說，應該不難配合，但前提是兩人的時間點必須做好搭配，否則一下你冷我熱、一下你遠我近，無論是適應力再好的情人，都會有感到崩潰的一天。

◈ 如何吹奏兩人的愛情協奏曲？

要描述兩人在一起的感覺，最貼切的形容就是又愛又恨。當彼此磁場契合、頻率相同的時候，怎麼看怎麼順眼，就算對方講的話無聊至極，也能肉麻當有趣地笑得花枝亂顫，但如果兩人意見不和時，對對方的容忍度立刻降到零度，毫不留情面。所以，不妨多想想對方的優點和兩人曾經共有的甜蜜回憶，等氣消了、怨沒了，自然雨過天晴。

讓水瓶動心的祕技 獨立，以退為進，培養相同興趣。

讓水瓶窩心的禮物 最新科技商品、科幻小說、漫畫書、奇特商品。

讓水瓶開心的場所 3C賣場、天文館、可觀星的郊外、展覽會。

水瓶 love 雙魚

　　雙魚情人希望自己二十四小時都能在愛情海裡悠遊，不用管生活的壓力、煩人的工作、複雜的人際，只要整天和情人黏在一起，你儂我儂、甜甜蜜蜜，就等於擁有了無與倫比的快樂。

　　情緒是混雜的，情感是曖昧的，搞不懂自己到底想要什麼，說不清自己到底愛誰比較多，一旦處於質詢逼問的緊繃場面，只會選擇逃離，留下關係糾纏交雜的爛攤子。生性膽小怯懦，學不會拒絕，也不懂得分寸和自制，特別容易被人騙，或在不知不覺中騙了別人。

　　愛聽對方講心事，也喜歡講自己的故事給對方聽，快樂時一起大笑，悲傷時一起落淚，情感被交融得濃稠緊密，從此認定那就是浪漫情懷、就是千金萬金買不到的至愛真情，但誰知過幾天

又遇到情投意合的對象，所有夢幻感性重新再來一遍，彷彿沒完沒了的情愛輪迴。

水瓶看待愛情的角度既不強調務實，也不屬於夢幻，純粹是一種隨心所致的神來一筆，今天感覺來了，就和情人打情罵俏，主動又熱絡，明天感覺沒了，生疏感立刻掛在臉上，完全不在乎情人的心情，更不可能出現什麼呵護體貼的舉動。雙魚單純天真、甜蜜唯上、浪漫第一，只要能和情人膩在一起，不管做什麼都覺得開心舒服，重視精神的安慰大過於物質的擁有。

水瓶對於自己一不小心就忽略雙魚的感受，以及無法給雙魚任何承諾，是毫無罪惡感的，但這些狀況卻讓雙魚痛苦不堪，顯然，愛情觀與期望值的極大落差，勢必讓彼此的距離只會更遠，不易拉近。

◈ 如何吹奏兩人的愛情協奏曲？

打從相識之初，兩人就覺得不對盤，若是繼續相處下去，非但情況不易好轉，甚至每況愈下，最後只好以漸行漸遠收場。彼此的性格完全不同，喜好幾乎零交集，沒有共同話題，難以理解對方的思考模式，對於參與對方的生活更是興趣缺缺，所以，如果雙方仍想要攜手共度未來，一定要懷抱著無比的決心和包容力，否則最後還是要說再見的。

讓雙魚動心的祕技 浪漫溫柔，主動，
體貼。

讓雙魚窩心的禮物 手製卡片、花、水
晶飾品、巧克力、宗教飾品。

讓雙魚開心的場所 海邊、有月光的公
園、動物園、靈修場所。

12 星座之天使與魔鬼

天使牡羊：熱心，真誠

魔鬼牡羊：粗暴，衝動

天使金牛：溫柔，可靠

魔鬼金牛：頑固，耍牛脾氣

天使雙子：風趣，資訊達人

魔鬼雙子：花心，沒原則

天使巨蟹：奉獻，善解人意

魔鬼巨蟹：濫情，猜疑

天使獅子：大方，誠懇

魔鬼獅子：權勢，剛愎自用

天使處女：服務，負責

魔鬼處女：批判，規矩多

天使天秤：優雅，妥協

魔鬼天秤：推拖，好逸惡勞

天使天蠍：專心，堅持

魔鬼天蠍：嫉妒，報復

天使射手：開朗，直率

魔鬼射手：直言，不切實際

天使摩羯：勤奮，謙遜

魔鬼摩羯：刻板，現實

天使水瓶：創新，人道精神

魔鬼水瓶：抽離，冷漠

天使雙魚：愛心，關懷

魔鬼雙魚：混沌，說謊

PART 5

12 種上升星座，12 種水瓶

除了基本的太陽星座，

上升星座在深入探討性格時也會被談到，

它會影響了個人的相貌特徵和外型氣質，

還包括呈現給別人看的性格面具。

上升星座查詢連結（需要輸入出生年月日時間及地點）

https://www.astrotw.com/horoscope/asc

 上升星座落在牡羊的水瓶

上升牡羊的相貌特徵

- ✪ 頭部比例明顯較大
- ✪ 不高大，但具結實感
- ✪ 手掌和腳掌比例較小

上升牡羊的外型氣質

- ✪ 精力旺盛，急躁直率
- ✪ 眼神中透出天真單純的氣息
- ✪ 直言，自然，不做作

上升牡羊的人，就像不經困境、不克服挑戰就覺得不夠痛快的勇士，精神振奮、生氣勃勃，全身散發著旺盛的精力和無懼的勇氣，行動迅速

敏捷，隨時處於征戰狀態，有強烈的競爭和好戰意識，見一個打一個、見兩個打一雙，企圖以具體行動來證明自己的實力。

上升星座落在牡羊的水瓶，血液裡充滿反叛、破壞和革命的因子，具有強烈的使命感和崇高的理想，對於凡夫俗子般的生活模式嗤之以鼻，且從不多費唇舌解釋自己的觀念和做法，自信超凡、特立獨行。

爆發力十足，擅長瞬間極速的短跑，不適合強調耐力的馬拉松，從不做長程的規畫，打的是且戰且走、見機行事的策略，即使屢屢遭遇突發危機，仍不改初衷，方向明確。

厭惡教條式的管理，痛恨不合理的束縛，堅持擁有自由的空間，希望得到應有的尊重，對於自身權益十分在意，常與他人產生意識型態之爭，是一個無法忍受強權與專制的自由鬥士。

上升星座落在金牛的水瓶

上升金牛的相貌特徵

☆ 身材比例均勻而厚實

☆ 下巴、脖子的線條優美

☆ 成年後有容易變胖的傾向

上升金牛的外型氣質

☆ 溫和，不多話

☆ 情緒穩定，動作緩慢

☆ 有時會顯露出無辜的模樣

上升金牛的人，讓人感覺穩重溫和、緩步優雅，做起事來不疾不徐，既不懂得趨炎附勢，也不隨波逐塵，有自己的步調節奏和原則方法，凡

事強調事前規畫與嚴格執行，絕不會讓怠惰壞了大事；喜歡一切與美麗有關的事物、氛圍、感覺，具有一定程度的生活品味。

上升星座落在金牛的水瓶，外表看似穩定規律，其實內心充滿各種千奇百怪的想法，但因為不知如何向人解釋，只好在私底下默默進行，一人獨自享受其中的樂趣，無法與人分享。

以自我為中心，與他人之間的聯結性不高，看見別人的際遇比自己好，不會感到羨慕或嫉妒，聽到別人的建議或勸告，也大多不予理會，雖然外在表現低調安靜，但內心卻對自己充滿信心。

因為價值觀與思考邏輯和一般人不盡相同，連帶地影響到表達能力與溝通能力，因此與他人互動時，容易產生雞同鴨講、秀才遇到兵有理講不清的情形，成為經營人際關係的一大障礙。

 上升星座落在雙子的水瓶

上升雙子的相貌特徵

☆ 肩膀寬厚，肩線明顯

☆ 手指靈活或比一段人長

☆ 大多有視力的問題

上升雙子的外型氣質

☆ 反應靈活，動作敏捷

☆ 表情多，愛說話，且速度很快

☆ 情緒變化快

上升雙子的人，反應靈巧機敏，頭腦轉速是他人的好幾倍，對於周遭人事物的感知力甚強，隨機應變、見風使舵是不費吹灰之力就能運用得宜的拿手絕活；聰慧俐落、點子多，對於知識與資訊的吸收消化能力特別強，經常在團體中扮演訊息交換者的角色。

上升星座落在雙子的水瓶，其思想就像一隻自由飛翔的鳥，輕盈敏捷，毫無拘束感，可以天馬行空般地逍遙自在，也可以審時度勢地發揮效率，是一個大家公認的聰明人。

認為計畫趕不上變化，所以從不做什麼事前規畫，而就算真的被迫這麼做，一旦展開行動，也不會完全照著，總是能見機行事，以求在最短的時間內，做最好的選擇，並最快達成任務。

因為聰慧機巧、興趣廣泛，因此無法長時間把注意力停留在某一件事情人，即使再熱衷的事

物也僅能維持三分鐘熱度，沒有耐心，堅持力也
不足，常發生半途而廢的狀況，十分可惜。

上升星座落在巨蟹的水瓶

上升巨蟹的相貌特徵

⭐ 胸部寬厚、凸顯

⭐ 皮膚細緻，身材豐腴，屬易胖體質

⭐ 重心在上半身

上升巨蟹的外型氣質

⭐ 眼神明亮，含水感

⭐ 情緒起伏大

⭐ 沒有侵略性

上升巨蟹的人，給人一種害怕陌生、畏縮膽怯的印象，但本身親和力十足，總是在他人低潮

受困時大方伸出援手；對於喜樂哀怒的情緒轉換掌控制能力不佳，易情緒化；重心大多放在自己家庭，或與家庭有關的事務上，例如為家人打理大小事宜，甚至為家人犧牲奉獻等等。

上升星座落在巨蟹的水瓶，就像是感性與理性的組合，外在的表現往往和內心的想法不一致，而這種微妙的衝突氛圍，容易讓旁人感到不舒服，自己卻不一定能察覺到。

有一顆樂於助人的心，小至生活瑣事的幫忙，大至與生命有關的支持相助，都熱心勤快，尤其對於貧苦弱勢的族群，更是會主動大方地伸出援手，而且誠意十足，完全不求回報。

有自我封閉的傾向，離群索居的心情就像一顆不定時炸彈，隨時都有可能丟向目前所處的現狀，就連自己都無法預測，是一種明知可能產生負面影響，卻又無力改變的複雜情緒。

上升星座落在獅子的水瓶

上升獅子的相貌特徵

✪ 頭較大，頭髮自然捲，
肉結實

✪ 眼睛大而圓，且眼角向上揚

✪ 成年後有容易變胖的傾向

上升獅子的外型氣質

✪ 眼睛炯炯有神，氣勢凌人

✪ 光明磊落，精神奕奕

✪ 開朗，愛表現

　　上升獅子的人，自認是天生活在舞台上、被
聚光燈追著跑、擁有眾多支持者的王者，活力充

沛、自信滿滿、開明華麗，隨時隨地都在想辦法引起他人的注意，自尊心十分強盛；領導才能突顯，而且架勢十足，自願扛起指揮坐鎮的重責大任，同時享受被人愛戴尊崇的榮譽。

上升星座落在獅子的水瓶，對於他人的看法或評論，總是抱持著一種不以為然的態度，即使對方的表現令人感到驚豔，也不願給予肯定，自視甚高，自負的心態不言而喻。

具有奇異特殊的創造力，從無中生有、從平淡變豐富、從無趣變有趣，想像力十足，創意源源不絕，讓人驚喜不斷，但有時可能因為思想太前衛，無法取得共鳴，因而感到有些失落和沮喪。

自己常在眾人面前唱反調，但卻不愛聽別人的反向建議，多少有一點只准官兵放火、不准百姓點燈的霸道性格，一旦遇到與自己意見不合的人，會自動保持距離，甚至想辦法遠離。

上升星座落在處女的水瓶

上升處女的相貌特徵

- ☆ 骨感,身材比例細緻
- ☆ 下巴較尖或較瘦,嘴巴較小
- ☆ 屬於乾性膚質

上升處女的外型氣質

- ☆ 清爽整齊,有禮貌
- ☆ 拘謹,小心翼翼
- ☆ 隨時注意任何細節

上升處女的人，端莊有禮、心思細微、嚴謹務實、認真負責，符合一般社會化標準的期待，容易給他人留下良好的第一印象；組織力和分析力特別強，可以在極短的時間內，把一件事從亂無章法整理成井然有序的系統化，被公認為精練能幹的效率達人。

上升星座落在處女的水瓶，有能力在不改變組織架構、不影響原有規則的情形下，創造出令人耳目一新的小變化，把制式規律和特異多變這兩種不同的性格結合得不錯。

要執行一項任務之前，會先將整體狀況做通盤思考，找出最有效率的做法，並且把所有可能發生的問題羅列出來，一一想好解決方案，再開始行動，從不做只會埋頭苦幹的傻瓜。

平常習慣當一個少話的聽眾，不隨意發表自己的想法，但偶爾也有一時興起而發表高論的時

候，只是往往會因為情緒較激動，出現措詞不當或過於嚴厲的情形，導致氣氛尷尬，難以收拾。

上升星座落在天秤的水瓶

上升天秤的相貌特徵

✪ 身材適中，骨架勻稱

✪ 下巴多有稜角，雙唇飽滿

✪ 穠纖合度，不易過胖或過瘦

上升天秤的外型氣質

✪ 舉止優雅得體

✪ 有親和力，給人舒服的感覺

✪ 口才好，具社交手腕

上升天秤的人，優雅迷人、強調公平原則、善於社交，除非遇到過於不合理的狀況，否則大多會選擇配合他人，以避免製造不愉快的爭端；必須存在於人群團體之中，才會有安全感，無論做什麼都喜歡有人陪伴，藉著與他人的互動，感受自身的需求與心理狀態。

　　上升星座落在天秤的水瓶，對於任何看得到、聽得到、摸得到，甚至感覺得到的事物，都有濃厚興趣，喜歡追求真理和探求真象，是一個求知欲旺盛、學習力極強的人。

　　重視精神生活甚於物質生活，認為錢只要夠用就好，不希望自己終日為錢傷神，或一天到晚在金錢遊戲中打轉，寧可將時間用來增廣見聞、研究學問，感覺反而輕鬆愉快。

　　雖然，具有一定的親和力與配合度，但相處久了，總會讓對方有一種過於理性的感覺，容易

在彼此建立情誼的過程中出現瓶頸，而且常常因為找不到突破方法而使情感慢慢由濃轉淡，甚至從此疏離。

上升星座落在天蠍的水瓶

上升天蠍的相貌特徵

- ✪ 沒什麼腰身，臀部豐滿
- ✪ 毛髮烏黑又濃密
- ✪ 眼神深邃神祕

上升天蠍的外型氣質

- ✪ 獨特的神祕魅力
- ✪ 話不多，冷酷靜默
- ✪ 性感，悶騷

　　上升天蠍的人，習慣將真正的情緒藏於內心，外表冷靜內斂、沉著鎮定，與他人之間彷彿隔著一道銅牆鐵壁，堅硬厚實，難以攻破；獨特的神

祕魅力、堅忍不移的專注力、無法撼動的意志力，組合成一股凡人難敵的吸引力，靜謐卻幽遠地影響著身邊的每一個人。

上升星座落在天蠍的水瓶，性格中有一種不想與人分享、不願讓人看見、不需要被人理解的部分，除非生命發生極大的衝擊或巨變，才有可能改變想法，敞開心胸面對人群。

從表情談吐到行為模式，都給人一種不夠親切，而且無法放鬆的感覺，明確地說，就是散發一股拒人於千里之外的特質，雖然自己心裡並不是這樣想的，但他人的感覺卻是很強烈的。

處理事情有一套自己的做法，不喜歡別人插手，也不必找合作夥伴來分憂解勞，強調獨立自主的精神，以及發揮自我潛質的實力，而通常最後表現出來的成績也的確不俗。

上升星座落在射手的水瓶

上升射手的相貌特徵

✪ 身材重心在下半部

✪ 大腿特別結實

✪ 怕熱，容易出汗

上升射手的外型氣質

✪ 帶著一點喜感，很開心

✪ 笑聲大，笑容燦爛

✪ 粗線條，常跌倒或打翻東西

上升射手的人，永遠是那麼快樂無憂、精神奕奕、瀟灑自在，雖然也常被粗心大意或隨興而起的性格所害，但終究是一個樂觀主義者，所有煩惱皆能轉頭就忘，完全不留痕跡；喜歡學習、交朋友和旅行，善於發揮正面的能量，並努力以行動實踐自己的理想。

上升星座落在射手的水瓶，在搞怪創意方面的表現，絕對是第一把交椅，思想奔放大器，完全不受束縛，對於資訊的吸收力更是快狠準，信手捻來、脫口而出，皆是別人搔破頭都想不出來的創意。

對於交朋友這件事特別感興趣，主動熱情地結交各領域友人，而且當朋友提出要求或協助時，通常會卯盡全力照辦，即使犧牲自我權益，也在所不惜，是一個很重視朋友的人。

在面對喜歡或是不喜歡的事物時，態度是

一百八十度大不同，一遇到喜歡的事，全神貫注，
對身旁的一切充耳不聞，但若是不喜歡的事，則
立刻祭出那一百零一招──逃避，置之不理。

上升星座落在摩羯的水瓶

上升摩羯的相貌特徵

- ✪ 骨架大，肌肉結實
- ✪ 皮膚顏色較深，髮質較粗
- ✪ 身材大多屬於清瘦型，不易發胖

上升摩羯的外型氣質

- ✪ 嚴肅，表情不多，沉靜
- ✪ 帶著一股憂鬱氣質
- ✪ 少年老成的模樣

上升摩羯的人，外表看起來比實際年齡成熟，散發一種不開心的憂鬱特質，讓人覺得拘謹嚴厲，不易親近；做事循規蹈矩、勤奮不懈、嚴守分際，標準的實際主義者，不浪費時間在沒有實質獲利的事情上，付出一分耕耘，就要有一分收穫，不占人便宜，但也不吃虧。

上升星座落在摩羯的水瓶，雖然沒有刻意擺架子，卻老是給人一種孤傲、冷淡、自我的強烈印象，肅殺般的氣氛自然地把他人隔絕於外，在人際互動上形成不易化解的障礙。

表面上不常發表意見，大多安靜地待在一旁，其實心裡的想法如萬箭齊發，蓬勃活躍，且其中更有叛逆驚世的思想種子在悄悄萌芽，正等候良機，一舉打破所有人原本的認知，展現異於以往的獨特特質。

只會把心力投入在自己有興趣的事情上，不

關心人與人之間的互動關係，對於如何讓人覺得輕鬆舒服、愉悅滿足、心情大好之類的問題，十分漠視，毫無生活情趣可言。

 # 上升星座落在水瓶的水瓶

上升水瓶的相貌特徵

⭐ 身材比例較好

⭐ 手和腿的曲線優美

⭐ 皮膚細緻白晰

上升水瓶的外型氣質

⭐ 帶著靈氣的獨特美感

⭐ 思緒清晰，說話條理分明

⭐ 冷靜，有自己的想法

上升水瓶的人，低調冷漠、古怪獨特，不喜歡惹人注意，總是站在遠離核心的邊陲地帶，以冷眼旁觀的姿態看著一大群行為模式相同的人，我行我素，需要百分之百的自由；對於與人類福祉相關的活動特別熱衷，是一個極具博愛精神的人道主義者。

上升星座落在水瓶的水瓶，什麼怪事都做得出來，讓旁人覺得很頭痛，但自己卻怡然自得，不覺得有絲毫不妥；只做自己喜歡做、願意做的事，不受任何傳統禮教的約束，過著自由自在的日子。

有時候不想搭理任何人，想一個人安安靜靜、簡簡單單，遠離人群，但有時候又樂於投入活動，覺得能和大家攜手合作，共同完成一項有意義的任務，是一件讓人感到滿足又踏實的事。

理智、冷靜、獨立，對於環保、人道主義、

族群問題等與全人類相關的議題，有著高度興趣，如果有適當機會，也願意不問回報地奉獻一己之力，是一個淡泊名利、重精神甚於物質的人。

上升星座落在雙魚的水瓶

上升雙魚的相貌特徵

✪ 頭的比例較小，髮質柔細

✪ 眼睛大，但是無神

✪ 膚質好，腿細長

上升雙魚的外型氣質

✪ 眼神時而迷濛、時而無辜，
很會放電

✪ 夢幻，膽怯，心不在焉

✪ 情感豐富，易被影響

上升雙魚的人，愛幻想、情感豐沛、靈氣逼人，散發著惹人憐愛的溫柔氣質，對於音樂和藝術的感受力遠遠超越一般人，但容易產生悲觀的想法，自信不足，怯懦膽小；配合度高，沒有強烈的企圖心，不喜歡沉重的責任和競爭的壓力，追求形而上的精神生活。

上升星座落在雙魚的水瓶，具博愛精神，有崇高的理想，對人類社會懷抱一種悲天憫人的心情，慷慨寬容，不與人計較，總是看事情的大方向，不鑽牛角尖，把大部分時間都用來幫助他人。

心裡雖然對某件事已有想法或決定，卻不會同步地表達出來，原因在於不知該如何適當地表達，經常為說明、解釋一個狀況而困擾，且時間一拖久，最後大多以逃避收場，造成惡性循環。

善於創作獨特奇異的藝術，天賦異稟，無人能敵，猶如鬼才，即使他人花費極大的心力和時

間去學，都很難達到如此高妙的境界，只要抓對
表現時機，一定會有驚人的藝術成就。

PART 6

怎麼辦？水瓶～

人不可能永遠遇到好人或只與自己契合的人相處，

一旦遇到令自己覺得不舒服、厭惡、痛苦的人，

該怎麼辦呢？

這裡的求生術將帶你脫離苦海，

打造美麗人生！

遇到自我牡羊，怎麼辦？水瓶～

　　牡羊一向只看自己想看的、只聽自己想聽的，把別人的意見當耳邊風，視他人的需求如垃圾糞土，彷彿活在用銅牆鐵壁築起的自我世界裡，除非牡羊自己有意願走出那個大門，否則就算祭出火力驚人的砲彈火箭，也是徒勞無功。牡羊雖有無窮的精力和熱情，但全都是投己所好，其他人只有跟隨在後的分兒，別想另外撈到半點好處。

　　水瓶是冷漠的自我，我行我素，走自己的路，過自己喜歡的生活，不一定要與他人有所互動，而牡羊則是熱情的自我，以領導者自居，強迫他人跟隨自己的腳步，無法容忍異議。

　　當水瓶遇到牡羊時，一昧地勉強對方理解自己，只是浪費精力，不妨多欣賞對方的優點，讓彼此的關係如倒吃甘蔗，漸入佳境。

遇到緩慢金牛，怎麼辦？水瓶～

金牛的緩慢是有道理的，試想，牛兒一輩子的時間都在田裡度過，每天日出而作、日落而息，除了吃飯睡覺之外，就是拉著耕作機，四隻腳踩在爛泥裡，神情專注，勤勤懇懇，埋首耕耘，毫不鬆懈馬虎，崇尚慢工出細活的人生哲學，不為邀功、不願搶快，只想求得好品質，為自己的辛勞下一個完美註解。

水瓶的快慢節奏和一般人的定義不同，心血來潮時快如疾風，腦無靈感時靜如止水，沒有規律可言，而金牛則時時要計畫、事事要步驟，緩慢是為了確保品質，也是為求一份安心踏實。

當水瓶遇到金牛時，或許有溝通不良的疑慮，但對方卻是一個忠實誠摯的夥伴，只要放慢腳步，多點耐心，就能和諧共處。

遇到圓滑雙子，怎麼辦？水瓶～

雙子的機智和靈巧，簡直是渾然天成，毫無破綻，從思考速度、說話方式，到隨時隨地的反應，都讓身歷其境的人不得不拍手叫好，別人是舉一反三，雙子是舉一反十，無論存在任何時空或狀態，都可應變自如，把死的說成活的、把黑的辯成白的，好像考不倒的魔術師，不管題目再怎麼難、觀眾的要求再怎麼奇異，都能玩出令人驚豔的花招。

水瓶和雙子都有機智、快速、多變的特質，不同之處在於，水瓶把這些特質用在型塑自我性格的方面，而雙子則用在人際相處之上，強調圓滑利己、手腕靈活，以方便自己穿梭於各方，遊戲人間。

當水瓶遇到雙子時，不必和喜歡耍小聰明的對方逞智鬥計，而是要善用對方的豐富資訊與傳播訊息的能力，讓彼此共享雙贏之利。

遇到多愁善感巨蟹，怎麼辦？水瓶～

巨蟹看待一件事，總是不由自主地用負面角度思考，缺乏安全感，老是覺得有不好的事情要發生，明明晴空萬里，卻硬要說烏雲很快就會飄過來了，接著，狂風暴雨、雷電交加，難逃一場史無前例的大災難……事實上，花兒照樣開，鳥兒照樣叫，什麼事也沒發生，一切都是巨蟹自己嚇自己，同時也給了旁人莫名的壓力。

水瓶一向頭腦清楚、理性冷靜，就連泰山崩於前也可面不改色，當然不可能為兒女私情或春花秋月的事煩心，但巨蟹卻不同，只看見一片烏雲就以為會狂風暴雨，悲觀憂鬱，凡事喜歡往壞處想。

當水瓶遇到巨蟹時，別把對方的崇羨之情當成負擔，多教導鼓勵對方，一段時間後，在理性與感性的揉和之下，彼此都會有所收穫。

遇到愛面子獅子，怎麼辦？水瓶～

獅子自認為是尊貴的王者，把重視排場、指使別人、坐享其成當作是天經地義的事，尤其與名譽榮耀有關的事，更是在意至極，絕不容許有落人口實或臉上無光的事情發生。獅子是標準地吃軟不吃硬，喜歡我強、對方弱的組合，即便獅子因此需要多花一些心力去保護或關照對方，也覺得樂在其中，因為那可是能力和權力的最佳表徵啊！

水瓶酷愛自由、淡泊名利，對於大多數人最愛的財富權位毫無興趣，做任何事都是為了自己，不在乎別人的看法，而獅子卻是活在眾人的掌聲之中，他人的評價、言論、眼光，隨時都牽動著獅子的情緒。

當水瓶遇到獅子時，不要刻意攻擊對方死穴，應該藉由對方的權勢，為自己爭取自由的空間，借力使力，雙方各取所需，互不傷害。

遇到實際處女，怎麼辦？水瓶～

　　處女不談沒有建設性的話題、不做投資報酬率低的事情、不花時間和只會吃喝玩樂的人相處，更不會遐思幻想地做著白日夢，生活中所有大小事情全由嚴密的計畫控管著，利益和風險都已被精密地計算、分析，只有使命必達，沒有多餘的藉口和理由。處女對於自己的規畫十分有把握，且踏出的每一步都堅實穩固。

　　水瓶平時像獨行俠，少與人來往，更不愛參與社交活動，但若遇到任何和人道主義、公益福祉有關的事，倒是熱心勤快，而處女則事事計算報酬，不白花氣力和時間，是一個標準的實際主義奉行者。

　　當水瓶遇到處女時，雖說道不同不相為謀，但對方認真、負責、為人服務的精神，倒值得稱許和學習，唯有互補優缺，才能相輔相成。

遇到鄉愿天秤，怎麼辦？水瓶～

天秤一輩子最怕的事就是得罪別人，不管誰對誰錯、是非黑白，反正就是無法接受尷尬或緊張的人際關係，寧願自己鞠躬哈腰、居中協調、四處勸說、陪笑裝低姿態，也不能讓自己的形象被任何一個人扣到分數，耗盡所有能量、用盡所有人情、拚盡所有力氣，就是為了營造美好的門面與一團和氣的舒適氣氛。

水瓶對於世事一向置身事外，既對升官發財沒興趣，也不愛與人爭名奪利，所以不需要刻意討好誰或配合誰，而天秤雖不垂涎名利，但為求沒是非、少爭端，只好四處打點、努力撮合，深怕破壞和諧氣氛。

當水瓶遇到天秤時，應可發現彼此心靈契合的好感，只要各自保有適度空間，在對方有所需要時竭力相助，就能相知相伴、快樂愉悅。

遇到心機重天蠍，怎麼辦？水瓶～

　　天蠍冷靜不躁進、思路清晰、耐性悠長、方向明確、心意篤定、下手快狠尖利，老實說，要成為一個攻於心計且萬無一失的謀略家，天蠍確實擁有別人學不來也趕不上的優異天賦。任何蛛絲馬跡都逃不過天蠍的視覺、聽覺和感覺，而且天蠍能忍又能等，總是在檯面下作業，不到最後出手的那一刻，絕不打草驚蛇，可說心機冠天下。

　　水瓶不用心機的原因不是愚笨駑鈍，而是鄙視、不屑，認為用盡心機不但是一件累人的事，更是百害而無一利，何苦費心傷神，而天蠍倒是耍心機耍得游刃有餘，而且樂在其中。

　　當水瓶遇到天蠍時，就算不想花費心思陪對方玩弄心機，也要盡量避免在防範不周的情況下被陷害，不如隨時保持距離，以策安全。

遇到誇大射手，怎麼辦？水瓶～

　　射手不僅說話方式誇張、動作大剌剌，就連想法觀念都讓人驚乎，是一個不把別人奇異的眼光與評價放在心上的隨興分子。射手在表達方面，特別有「放大」的習慣，往往導致沒事變有事、小事變大事的結果，雖不至於造成什麼重大傷害，卻常引發他人的不信任感，總覺得對於射手說的話必須打些折扣，以免誤判或期望太高。

　　水瓶凡事低調，就算遇到值得慶祝的大喜之事，頂多找三五知心好友，小宴分享，絕不會大肆張揚狂歡，而射手則是連芝麻綠豆大的事也能呼朋引伴、鑼鼓喧天，行事作風盡是張狂浮誇。

　　當水瓶遇到射手時，可在言談之中盡情分享所學所知，沒有惱人的利益從中作梗，彼此誠心坦白，共有一份單純的快樂，也算難得。

遇到利己主義摩羯，怎麼辦？水瓶~

摩羯的利己主義不是用在享樂，而是對自己有實質幫助的事情上，尤其金錢與名利方面的報酬，最被重視。摩羯在做任何事之前都要仔細評估，哪怕只是一件微不足道或影響有限的小事，也毫不輕忽，更別說攸關成敗的事業規畫和人生大計，必定再三思索、前後推敲，確定萬無一失之後才行動，絕不會讓自己吃虧或浪費無謂的時間。

水瓶是人道主義者，重視的是人類全體的利益，願意犧牲小我、完成大我，而摩羯注重的、努力追求的都與自身利益相關，兩者無論在出發點、價值觀，或實際的做法上，皆不大相同。

當水瓶遇到摩羯時，可以借重對方的組織力和執行力，雙方攜手合作，讓具有遠大意義的計畫更加周密完美，也算功德一件。

遇到強烈自主水瓶，怎麼辦？水瓶～

　　水瓶不受禮教約束、痛恨規矩制度，更不信高官權威那一套，總是我行我素，不按牌理出牌，沒興趣理會別人、不想干預別人，也不希望被任何人打擾，縱使可能因為價值觀與大部分人不同、思想與其他人有落差、生活模式與大家南轅北轍，而必須付出相當的代價，但只要最後能按照自己的步調生活，一切都是值得的。

　　水瓶稀奇古怪的想法多，與人不同的意見多，強力爭取的時候更多，無論現實環境的情勢如何，只要是自己認為對的、想做的，不賣人情，也不管世俗標準，一定會毫不客氣地表達出來。

　　當水瓶遇到水瓶時，可以是短兵相接，也可以合作愉快，其關鍵在於雙方是否有共同的理念，只要方向一致，就能走向大同世界。

遇到自欺欺人雙魚，怎麼辦？水瓶～

雙魚的拿手好戲就是逃避現實，明明事實已經擺前眼前，還是有辦法睜眼說瞎話，自欺欺人地胡編謊言，以為這樣就能矇混過關，其實大家不僅早已看出真相，而且也對雙魚欺瞞的性格留下負面印象。雙魚怕辛苦、怕有壓力、不願承擔責任，就用裝聾作啞或直接消失的方式面對事情，常讓人為之氣結。

水瓶雖非事事謹慎規矩的務實派，但也絕對不是整天好整以暇、做夢虛度的人，而雙魚則為了逃避應負的責任，以及可能遇到的辛苦挑戰，刻意裝傻弄假、自欺欺人，打算就這樣矇混了事。

當水瓶遇到雙魚時，一個極端理智，一個極端情感，實在沒必要強求相處融洽，只要做到井水不犯河水、互不干擾，就是美事一樁了。

12 星座不易被發現的隱藏性格

牡羊 習慣逗兇鬥狠的牡羊，真要哭起來，猶如天崩地裂，挺嚇人的！

金牛 肢體不靈活的金牛，如果有高人指點，有機會變身為舞林高手。

雙子 好像可以同時處理好幾件事的雙子，其實瞎忙的成分比較高。

巨蟹 多慮膽小的巨蟹，一旦犧牲奉獻，則勢如破竹、勇氣過人。

獅子 愛熱鬧的獅子，也會有不愛搭理別人的自閉傾向。

處女 表面端莊整齊的處女，在沒人看見的時候，完全不是那麼回事。

天秤 要求平衡、客觀的天秤，其實主觀的不得了。

天蠍 冷酷、疑心病重的天蠍，一被打動，就完全受對方擺布。

射手 粗線條的射手，在研究學問時，倒是十分仔細謹慎。

摩羯 拘謹嚴厲的摩羯，遇到喜歡的人，會變得非常浪漫。

水瓶 看起來不問世事的水瓶，其實對所有狀況都瞭然於胸。

雙魚 說話含糊、不具體的雙魚，心中早有答案，只是不說而已。

星座小熊 第一本星座書 水瓶座
靈氣逼人超能力

作　　者／星座小熊, 曾新惠
美術編輯／達觀製書坊
責任編輯／twohorses
企畫選書人／賈俊國

總 編 輯／賈俊國
副總編輯／蘇士尹
編　　輯／黃欣
行銷企畫／張莉榮、蕭羽猜、溫于閎

發 行 人／何飛鵬
法律顧問／元禾法律事務所王子文律師
出　　版／布克文化出版事業部
　　　　　台北市中山區民生東路二段 141 號 8 樓
　　　　　電話：(02)2500-7008 傳真：(02)2502-7676
　　　　　Email：sbooker.service@cite.com.tw
發　　行／英屬蓋曼群島商家庭傳媒股份有限公司城邦分公司
　　　　　台北市中山區民生東路二段 141 號 2 樓
　　　　　書虫客服服務專線：(02)2500-7718；2500-7719
　　　　　24 小時傳真專線：(02)2500-1990；2500-1991
　　　　　劃撥帳號：19863813；戶名：書虫股份有限公司
　　　　　讀者服務信箱：service@readingclub.com.tw
香港發行所／城邦（香港）出版集團有限公司
　　　　　香港九龍九龍城土瓜灣道 86 號順聯工業大廈 6 樓 A 室
　　　　　電話：+852-2508-6231　　傳真：+852-2578-9337
　　　　　Email：hkcite@biznetvigator.com
馬新發行所／城邦（馬新）出版集團 Cité (M) Sdn. Bhd.
　　　　　41, Jalan Radin Anum, Bandar Baru Sri Petaling,
　　　　　57000 Kuala Lumpur, Malaysia
　　　　　電話：+603- 9057-8822　　傳真：+603- 9057-6622
　　　　　Email：cite@cite.com.my
印　　刷／韋懋實業有限公司
初　　版／2024 年 1 月
定　　價／300 元
Ｉ Ｓ Ｂ Ｎ／978-626-7337-77-6
Ｅ Ｉ Ｓ Ｂ Ｎ／9786267337806（EPUB）

城邦讀書花園　布克文化
www.cite.com.tw　www.SBOOKER.COM.TW